辛亥
首義精神通論

王功安編著

崧燁文化

目　　錄

序言 / 001
前言 / 007

第一章 辛亥首義精神的豐富內涵 / 001
　一、敢為人先的首創精神 / 001
　二、勇往直前的拚搏精神 / 007
　三、善抓機遇的果斷精神 / 012
　四、通力合作的團結精神 / 017
　五、不競聲華的實幹精神 / 025
　六、越挫越奮的堅韌精神 / 029
　七、革命奉獻的犧牲精神 / 033

第二章 辛亥首義精神的鮮明特質 / 039
　一、救亡圖存，振興中華 / 039
　二、推翻專制，建立共和 / 047
　三、不甘人後，奮勇爭先 / 054

第三章 辛亥首義精神在辛亥革命中的展現 / 061
　一、投身革命，勇於獻身 / 061
　二、生死與共，喋血陽夏 / 068
　三、同仇敵愾，神州呼應 / 073
　四、視死如歸，捍衛共和 / 081

第四章 辛亥首義精神形成的時代背景和社會條件 / ０８９
一、漢口開埠後武漢經濟社會的嬗變 / ０８９
二、張之洞「振興實業」和「組訓新軍」的客觀效果 / ０９４
三、新式知識份子群體的出現與作用 / １００
四、新興民族資產階級的形成和訴求 / １０６
五、「山雨欲來風滿樓」的革命形勢 / １１０

第五章 辛亥首義精神的源與流 / １１７
一、荊楚文化的薰陶 / １１７
二、愛國主義精神的弘揚 / １２６
三、同盟會領導起義的演進 / １３０
四、孫中山革命思想的指引 / １３４
五、辛亥首義精神的發展延伸 / １４０

第六章 辛亥首義精神的歷史作用 / １４５
一、辛亥首義精神推進了中國現代化的過程 / １４５
二、辛亥首義精神打開了思想進步的閘門 / １５３
三、以辛亥武昌起義為標誌的辛亥革命，
　　影響了早期中國共產黨人 / １５８
四、辛亥首義精神與辛亥首義文化和武漢城市精神 / １６４

第七章 辛亥首義精神的繼承弘揚 / １７３
一、繼承弘揚辛亥首義精神的重要意義 / １７３
二、繼承弘揚辛亥首義精神要高舉孫中山的偉大旗幟 / １７８
三、繼承弘揚辛亥首義精神，把武漢建成
　　現代化國際性城市 / １８２
四、繼承弘揚辛亥首義精神，促進海峽兩岸關係
　　和平發展與祖國和平統一 / １９３
五、繼承弘揚辛亥首義精神，不斷開創中國特色社會主義事業
　　新局面，實現中華民族偉大復興 / ２０２

第八章 中國共產黨與辛亥首義精神 / ２０７
一、中國共產黨是繼承弘揚和發展辛亥首義精神的
　　核心與典範 / ２０７
二、中國共產黨賦予辛亥首義精神新的時代特色 / ２１２

後記

序言

嚴昌洪

辛亥革命武昌首義的勝利，不僅使武漢乃至整個湖北在民國初年出現了新氣象，而且為湖北人民留下了百年不朽的精神財富。一幅1937年題蛇山岳武穆遺像亭楹聯稱：

撼山抑何易，撼軍抑何難，願忠魂常鎮荊湖，護持江漢雄風，大業先從三戶起；文官不愛錢，武官不怕死，奉讜論復興家國，留得乾坤正氣，新猷端自四維張。

這幅楹聯透過讚頌抗金的岳飛，表達出湖北人民要擔當起抗日大業的雄心壯志。其中所說的「護持江漢雄風，大業先從三戶起」，揭示出「楚雖三戶」，卻敢於擔當起抗擊日本侵略者的大業，實乃荊楚雄風和岳飛精神在新時代的弘揚。

兩千多年前，楚人曾悲壯地喊出了「楚雖三戶，亡秦必楚」的口號。兩千多年後，湖北革命黨人把這一口號加以改造，發出了「亡清必楚」的吶喊。

「亡秦必楚」，如果從戰國紛爭的歷史來看，它只是楚人對秦國的一種憤恨情緒的宣洩，並未成為現實，即不是楚國亡了秦國，而是秦國滅了楚國。但如果從統一了天下後的秦王朝的歷史來看，秦朝正是亡於楚人之手。當年陳勝、吳廣導演的「大楚興，陳勝王」的篝火狐鳴，點燃了秦末農民大起義的星星之火，經過「西楚霸王」項羽的沉重打擊，秦二世的統治搖搖欲墜，劉邦乘勢打進咸陽，出力一推，秦王朝的統治轟然倒地，「亡秦必楚」在另一種意義上成為現實。所以人說「亡秦這一事業乃起於楚，又終成於楚」是有一定道理的。

歷史有時有驚人的相似之處。統治中國二百六十多年的清王朝也正是亡於「楚人」之手。武昌首義的槍聲點燃了辛亥革命的燎原烈火，同是楚人的湖南革命黨人率先響應，南方各省紛紛「獨立」，清王朝陷於土崩瓦解的境地，袁世凱「逼宮」踢了「臨門一腳」，清廷便黯然宣布退位。由於武昌首義時的天時、地利、人和，湖北革命黨人「亡清必楚」的口號對清王朝來說，確是一語成讖。

喊出「亡清必楚」口號的湖北革命黨人不是預言家。他們敢於這樣說，這樣做，固然是繼承了「楚雖三戶，亡秦必楚」的楚人精神，使「三戶」雄風發揚於現代，更是出於對清朝統治不得人心，封建專制必然要為民主共和所取代的社會規律的清醒認識；出於革命黨人對自己事業的正義性和埋頭苦幹、長期經營所造就的革命實力的自信；出於敢於承擔起為反清大業打頭陣重任的歷史使命感。

辛亥革命後，湖北革命黨人和人民大眾，既不因武昌起義的首先勝利而居功自傲，也不因辛亥革命的最終失敗而怨天尤人，而是在後來的歷次革命鬥爭中，重振三戶亡秦的荊楚雄風，繼承敢為天下先的首義精神：先是與黎元洪的倒行逆施鬥，後是參加「二次革命」、討袁、護國、護法運動，為挽救革命而進行英勇鬥爭。北洋軍閥統治時期，抗爭段祺瑞，驅逐王占元，反對吳佩孚。辛亥首義精神鼓舞著湖北革命者和人民大眾在白色恐怖中昂首前行，在茫茫黑夜中執著探索，終於讓他們認識到「進行革命新民主，才使中華得好休」（董必武：《寫在〈辛亥革命回憶錄〉前面》）。董必武、陳潭秋參加組建中國共產黨，蕭楚女、惲代英宣傳馬克思主義，在舊民主主義革命終結之際，湖北革命黨人又肩負起新民主主義革命的重任。鐵路工人血灑江岸，漢口民眾收回英租界。北伐軍打到湖北，武漢成為國民政府所在地。抗戰期間，在首都南京陷落後，武漢擔當起全國抗戰臨時首都的責任，成為全世界矚目的東方抗擊法西斯的中心。「保衛大武漢」的口號與「保衛馬德里」一樣

曾經激動著千百萬人的心。武漢會戰，粉碎了日寇速亡中國之夢；石牌大捷，阻斷了日軍進攻重慶之路；新五師敵後游擊，更使侵略者遭到沉重打擊......

以上史實表明，辛亥以後的湖北革命歷史，每一頁都充滿首義精神的光輝。

新中國成立以後，湖北人民繼續發揚武昌首義敢為天下先的精神，在荊楚大地上不斷譜寫現代化建設的凱歌，不僅在1950年代建起了萬里長江第一橋，使天塹變通途，而且把辛亥革命領導者孫中山先生在《實業計畫》中為湖北武漢所描繪的現代化建設藍圖逐步變為現實。孫中山當年提出武漢將來立計畫，必須定一規模，略如紐約、倫敦之大。在水路交通方面，要在長江築堤防、浚航道，使洋船能全天候直達武漢港。在陸路交通方面，建築若干直達武漢的鐵路線（包括南京—漢口線、西安—漢口線、北方大港—漢口線、黃河港—漢口線、芝罘—漢口線、海州—漢口線、新洋港—漢口線和福州—武昌線等）。對於市內交通，他則提出了建橋或隧道貫穿兩岸，聯絡三鎮的構想。在市區應建設新式市街，裝備各種公共設施及家用物，如水、電、瓦斯、電話、汽車、電車、摩托車等等，並建造帶有各種新式傢俱的安適方便的住宅。更重要的是發展武漢的新式工業，建設鋼鐵廠、士敏土（水泥）廠、造船廠及各種輕工業。總之，應統籌全域，制定工商、交通、市政、民居等一體化建設、綜合治理的方案，把武漢建設成一座現代化的大都市。

1949年以來的60多年裡，武漢現代化建設取得了巨大的成就，孫中山當年的理想一一成為現實。如今，在長江和漢水已建起多座橋樑和隧道，武漢三鎮早已緊緊連為一體。巨大的輪船上達重慶，下至上海，在整治過的長江上暢行無阻；乘坐火車可以直達西安、天津、青島、福州、南京等地。新式市街上高樓林立，水、

電、瓦斯、電話、汽車、電車、摩托車等應有盡有，世界五百強總部、國際知名企業紛紛落戶在這裡，製造業在重振「漢陽造」雄風的口號下有了長足的發展，引進外資建設國際大都市的計劃正在一步一步地實現，武漢已成為華中地區的特大都會、中部崛起的龍頭。荊楚人民對國家、對世界的貢獻將會越來越大。

人們經常在問，辛亥革命的精神是什麼？武昌首義的精神是什麼？我們認為，辛亥革命的精神可以從各種角度去認識，比如說，當年革命志士們自己說的「鐵血精神」，還有愛國主義精神、革命英雄主義精神等等。但最重要的一點，就是振興中華，使中國自立於世界民族之林的民族自覺精神。「振興中華」的口號是孫中山先生最先提出來的。辛亥志士們為什麼要革命，就是要改變中國貧窮落後、受人欺侮的處境，他們把這種處境的成因歸之於清王朝的腐朽統治，所以要舉行反清革命，實行三民主義，建立一個獨立、民主、富強的新中國。他們的目標雖然由於各種原因沒有能夠實現，但他們的精神卻給後人以啟迪和鼓舞，至今仍有教育意義。今天我們紀念辛亥革命，就是要發揚辛亥志士們振興中華、富強祖國的民族自覺精神，努力為完成國家的現代化事業和祖國統一大業而貢獻一份力量。

如果從武昌首義來看它的精神，那就是當年革命志士們打響辛亥革命第一槍，表現了一種「楚雖三戶，亡秦必楚」的荊楚雄風，表現出一種「敢為天下先」的精神，用辛亥革命領導人黃興的話說，就是「能爭漢上為先著，此復神州第一功」（黃興《致譚人鳳》）。今天我們在改革開放的新時代，進行現代化建設時也應該有一種雖然三戶，敢幹大業的雄風，一種敢為天下先的精神，即一種敢於創新，敢於爭先的精神。在此基礎上，還要有善為天下先的精神，即我們要做第一流的工作，取得第一流的成績。現在，「敢為天下先」的首義精神已被人們廣泛接受，並被吸收進武漢市提出的「勇立潮頭、敢為人先、崇尚文明、兼收並蓄」的城市精神之

中，成為武漢人民解放思想，開拓創新的精神泉源。

　　武昌首義文化、首義精神，是武漢現代城市文化之根、之魂。今天我們打「首義牌」，就是要尋找武漢城市的根脈，熔鑄武漢文化之魂。一百年來，湖北武漢地區積澱了厚重的首義文化底蘊，首義歷史資源遍布全市。將這些歷史文化資源保護好，開發好，利用好，讓現代與歷史接軌，讓歷史文化與現代文化融通，就能提高城市的文化品位，提升城市的文化形象，增強城市的影響力和競爭力。因此，紀念辛亥革命，建設首義文化，弘揚首義精神，具有重大的歷史意義和現實意義。

　　由武漢地區一批老領導和學者集體寫作的《辛亥首義精神通論》一書即將付梓，這為辛亥革命百年慶典獻上了一份厚禮，可喜可賀。本書以高屋建瓴的氣勢，從理論與史實相結合、歷史與現實相結合的高度，在深刻揭示辛亥首義精神形成的時代背景和社會條件的基礎上，系統闡釋了辛亥首義精神的內涵和特質，全面敘述了首義精神在辛亥革命中的展現，並論述了辛亥首義精神的歷史作用，總結了百年來中國人民對辛亥首義精神的繼承與弘揚。本書作者透過追憶辛亥首義歷史，傳承辛亥首義文化，弘揚辛亥首義精神，來迎接辛亥首義百年的構想，是非常有意義、非常有價值的。拜讀全書初稿後，我認為他們的這一構想基本實現，因此寫了以上一些感想，權做一篇小序吧！

2011年春節於武昌桂子山忍齋

前言

　　100年前的10月10日，古城武昌城頭的槍聲震撼了世界，引發了一場席捲中國大地的偉大變革。以辛亥武昌首義導入高潮、神州呼應的辛亥革命，把中國延續2000多年的封建君主專制推進到民主共和的新時代，開創了中國歷史的新紀元。雖然革命勝利的果實被袁世凱篡奪，但民主共和深入人心，誠如革命導師列寧所指出：「地球上四分之一的人口已經從酣睡中清醒，走向光明、運動和鬥爭了」，「世界上任何力量都不能在亞洲恢復舊的農奴制度，也不能剷除亞洲國家和半亞洲國家人民群眾的民主精神。」辛亥革命後，「敢有帝制自為者，天下共擊之」。不管什麼人，任何恢復封建帝制、實行獨裁專制、違背民主共和的行徑，如骨牌效應一樣，一個個都會垮台並被釘在歷史的恥辱柱上。辛亥革命作為20世紀中國社會三次巨大變革之一和20世紀世界最偉大事件之一，已載入歷史的光輝史冊，其意義是偉大的，影響是深遠的。

　　辛亥武昌首義從醞釀、爆發、勝利到全國回應，充分展現了一種崇高的理想信念和勇於獻身的革命精神。正是這種精神力量的支撐，為奪取革命的勝利奠定了堅實的基礎，成為推動社會前進的強大動力。辛亥武昌首義不僅使辛亥革命在政治領域推翻了清王朝的統治，結束了封建君主專制制度，建立了資產階級民主共和國，而且在精神領域裡留下了寶貴的財富，這就是辛亥首義精神。

一、辛亥首義精神的界定

　　何為辛亥首義精神？在回答這個問題之前，有必要解釋一下什麼是精神。「精神」，指人的意識、思維活動和一般心理狀態。精神有廣義和狹義之說。從廣義看，與物質相對，指所有的非物質現

象，即作為特殊物質的人腦的活動以及這一活動所產生的一切非物質化的結果。在這裡，精神被看作是對外部世界和人自身的客觀反映，它包括了心理、思維、觀念、學說等一切意識現象。從狹義上看，精神是指各種意識現象處於深層而又相對穩定的方面，即人的心理意識和一切文化現象中作為核心、靈魂的東西，處於主導地位、起到支柱作用的那種精神。黑格爾指出：精神是那種「普遍的、自身同一的、永恆不變的本質」，「是一切個人的行動的不可動搖和不可消除的根據地和出發點」，「是一切個人和每一個人透過他們的行動而創造出來作為他們的同一性和統一性的那種普遍業績或作品」。這是從狹義上來說的，是指人的心理意識及人所創造的文化現象中寄存或凝結著的最根本的方面。

　　基於此，我們認為，辛亥首義精神是指辛亥武昌起義從醞釀策劃的思想建設、組織建設、制度建設、作風建設，到起義爆發和勝利以至全國回應和保衛勝利成果，起義的革命黨人、參加的士兵和群眾，為推翻封建君主專制、建立民主共和國、實現中國富強，以其崇高的理想信念、明確而成熟的革命心理意識、勇於奉獻堅定不移的革命精神、赴湯蹈火前仆後繼的革命行動，所譜寫的可歌可泣的壯烈詩篇，從而鑄造凝結了辛亥首義精神。辛亥首義精神就其形態來說，屬於思想意識的範疇。它是在孫中山「三民主義」革命思想的指引下，為實現同盟會的政治綱領，革命黨人、士兵和群眾，在武昌起義前後所表現的一種思想和行動，它包括了理想信念、心理意識、風範品性、行為舉動等多方面因素。

　　辛亥首義精神所體現的革命精神，推進了中國現代化的過程。在20世紀初，像中國這樣飽受外侵內壓、經濟文化十分落後的半殖民地半封建國家，可以說暴力革命是實現現代化的不二選擇。只有用暴力革命的手段去摧毀舊的上層建築，變革舊的生產關係，獲得民族的獨立和人民的解放，近代中國才有可能實現現代化。我們當然企望用平和的手段實現社會的進步，但在當時的中國是不可能

現實的。回顧近代中國現代化的過程，同治維新給近代中國的工業撥動了機捩，戊戌變法點燃了資產階級民主化的火種，先後均以破產或失敗而告終。而清末君主立憲這一所謂「新政」，雖然對傳統體制作了一些切癰割瘤的手術，但只不過是如「一張悠長的不兌現的支票」，可謂一場騙局。辛亥革命推翻了2000多年的封建君主專制制度，建立民主共和國，解決了此前現代化過程中所沒有亦不可能解決的關鍵問題，革命真正成為近代中國走向現代化的推手。辛亥首義精神打開了思想進步的閘門，其所體現的革命精神，極大地促進了人們思想的解放，激發了人民的愛國熱情和民族覺醒。

辛亥首義精神具有傳承性，它既繼承弘揚了以愛國主義為核心的中華民族精神，同時又受到荊楚文化精神的濡染薰陶，是孫中山領導同盟會反清武裝起義的演進；辛亥首義精神具有時代性，它所體現的既是推翻封建專制的革命，更是「適乎世界之潮流，合乎人群之需要」的革命，其宏偉追求是振興中華，實現民主，從政治到社會的徹底變革；辛亥首義精神具有發展性，是隨著時代和實踐的發展而不斷發展的，中國共產黨人是孫中山革命事業的堅定支持者、合作者和繼承者，完成了他沒有完成的民主革命，並把這個革命發展為社會主義革命，推進到中國特色社會主義偉大事業和改革開放的新時代。孫中山魂牽夢縈的中國現代化的理想正在逐步實現，中華民族偉大復興的光輝前景已經展現在我們面前。辛亥首義精神孕育於辛亥革命精神之中，可以說是辛亥革命精神的集中代表和縮影。兩者之間是內在的統一，既有共性，又有個性，交相輝映、相輔相成，相互促進。

由辛亥武昌起義及其鑄造凝結的辛亥首義精神，形成了辛亥首義文化，給我們留下了寶貴的文化遺產。辛亥首義文化是一種宣導和宣揚革命是「天演之公例」、「世界之公理」、「順乎天而應乎人者」，不經過革命，就不能消除長期阻礙中國發展進步的極端腐朽落後的封建制度，就無從根本改變中國貧窮落後的這一半殖民地

半封建社會狀況的革命文化；是一種救亡圖存，振興中華，把反清與建立共和緊密結合起來，具有新的時代內涵的愛國主義文化；是一種向上的、求變的、求新的，打碎長期禁錮中國人民的封建主義精神枷鎖、極大地解放了人民思想、革故鼎新的進步文化。

二、辛亥首義精神研究概況

百年來，對辛亥革命和武昌首義的研究不斷全面深入發展，成果可謂汗牛充棟。然縱觀這些研究成果，對辛亥首義精神還缺乏深入系統的研究。目前只是見到有關單篇文章和在有關著述、講話中提及，還沒有專門論述辛亥首義精神的著作。

1946年，辛亥革命同志會主編的《辛亥首義史跡》一書中，張難先把辛亥首義精神概括為「勇敢、廉潔、公正、恬淡」八個字；許源泉認為，辛亥首義精神「可就動靜兩方分析：動的革命精神，為壯烈之犧牲，靜的革命精神，則為守紀律尚廉潔之美德」。1991年為紀念辛亥革命80周年出版的《武昌首義》專刊，將首義精神概括為「愛國主義精神、團結奮鬥精神、獻身精神」。這期間台灣、香港、澳門和海外在紀念辛亥革命的活動和文章中，亦有談到辛亥首義精神的。例如在台灣辛亥武昌首義同志會與「國父」遺教研究會合辦的「建國80年革命史料研討會」上，會議主持人陶滌亞先生講到繼承辛亥武昌首義革命精神時，著重講了兩種精神：第一是赴湯蹈火的犧牲精神，第二是軍民一致的團結精神。2001年9月28日，《光明日報》社與中共武漢市委宣傳部在京聯合主辦「紀念辛亥革命90周年首義精神理論與實踐研討會」，京漢兩地著名的近代史專家就武昌首義精神的內涵和武昌首義文化區建設等問題進行了熱烈研討。專家學者在研討中認為，武昌首義精神主要體現在以下五個方面：一是敢為天下先的創新精神，二是不競聲華的實幹精神，三是振興鄉邦的愛國精神，四是通力協作的團隊精神，五是不計生死的犧牲精神。同年，中國統戰理論研究會「國共

關係史與兩岸關係史研究課題組」舉辦「紀念辛亥革命90周年學術討論會」，黃春華、王強在《論首義精神》一文中提出的五種精神與此基本一致。《光明日報》10月9日還發表了北京大學教授張注洪《武昌首義精神初探》的文章，文中指出辛亥首義精神所涵蓋的內容至少有以下幾點：熾烈的愛國精神，高昂的民主精神，頑強的拚搏精神，開拓的創業精神。同日發表的中國社科院近代史所副所長、研究員虞和平《武昌首義精神及其現實意義》一文認為，對於武昌首義精神，可以有多方面的闡釋，其中最富有現實意義的是這樣兩點：一是適應時代要求的精神，二是勇於創新和改革的精神。2006年紀念辛亥革命95周年的時候，《長江日報》發表了蔣太旭《首義精神光耀千秋》的文章，是作者訪問著名學者章開沅、馮天瑜、皮明庥、嚴昌洪等而撰寫的。文中提出「敢為天下先」是楚人勇於創新的一面大旗，為章開沅先生所提，得到了學術界普遍認同；「熾烈的愛國精神感召人們為民族振興而奮鬥」；「不甘人後的拚搏精神是推動發展的力量泉源」。文章結尾引用嚴昌洪先生的話：「武昌首義是世界性事件，其敢為天下先的精神，熾烈的愛國精神及高昂的民主精神和頑強拚搏精神，已成為首義文化的精髓，成為中華民族光耀千秋的精神財富。」同年湖北省委宣傳部等單位共同舉辦「紀念辛亥革命95周年國際學術討論會」，會上胡鵬提出，首義精神為堅韌不拔的革命精神、團結合作的精神、敢為人先的創新精神、實事求是的務實精神、崇高的愛國主義精神。
2008年王功安在《學習》月刊15期發表《辛亥首義精神及其核心》一文，指出辛亥首義精神是敢為人先的首創精神、敢於鬥爭的犧牲精神、敢抓機遇的果斷精神、敢於實行聯合的團結精神、敢於反皇權的民主平等精神，愛國主義是辛亥首義精神的核心。《湖北社會科學》（2009年第11期）發表了湖北省社會科學院課題組《試論辛亥首義精神與時代精神》一文，提出敢為人先的首創精神和革新精神、勇於奉獻敢於犧牲的革命精神和獻身精神、通力合作

精誠團結的協作精神、勇抓機遇的果斷精神和不甘人後的拚搏精神、堅忍不拔的革命精神和實事求是的務實精神為辛亥首義精神的基本內涵。以上這些講話和文章，都只是對辛亥首義精神的內涵進行了探討和研究，雖說法不一，但大同小異，基本上反映了辛亥首義精神研究，特別是近幾年來研究的狀況。

三、本書的幾個特點

辛亥首義精神的內涵和特質有哪些？辛亥首義精神是怎樣形成與發展的？辛亥首義精神的歷史作用及其時代價值是什麼？在新的歷史條件下，繼承弘揚辛亥首義精神有什麼重要意義？如何繼承弘揚辛亥首義精神等等。需要我們作出比較全面、深入、系統地回答。這不僅有利於深化辛亥革命和武昌首義的研究，而且有助於深刻地認識和把握它的歷史價值和現實意義，對於我們今天繼承弘揚辛亥首義精神，激發人民群眾愛國主義精神，促進海峽兩岸和平發展與祖國統一，實現中華民族的偉大復興，都是很有裨益的。

本書作為研究辛亥首義精神的第一部專著，對辛亥首義精神進行了較為全面、深入、系統的闡述。全書分為八章，概括起來說有以下幾個特點：

一是根據「在分析任何一個社會問題時，馬克思主義理論的絕對要求，就是要把問題提到一定的歷史範圍之內」，並參考借鑑已有的研究成果和學者觀點，對辛亥首義精神的內涵和特質進行了提煉歸納和界定：敢為人先的首創精神、勇往直前的拚搏精神、善抓機遇的果斷精神、通力合作的團結精神、不競聲華的實幹精神、愈挫愈奮的堅韌精神、革命奉獻的犧牲精神，是辛亥首義精神的基本內涵；救亡圖存、振興中華，推翻專制、建立共和，不甘人後、奮勇爭先，是辛亥首義精神的鮮明特質。並結合史實分別進行闡述，力圖體現全面性、系統性、準確性和科學性。對辛亥首義精神在辛亥革命中的展現亦結合史實作了較全面闡述。

二是根據馬克思主義「不是人們的意識決定人們的存在，相反，是人們的社會存在決定人們的意識」的觀點，從漢口開埠後武漢經濟社會的嬗變、張之洞「振興實業」和「組訓新軍」的客觀效果、新式知識份子群體的出現與作用、新興民族資產階級的形成和訴求、「山雨欲來風滿樓」的革命形勢等，論述辛亥首義精神形成的時代背景和社會條件。

三是從荊楚文化的薰陶、愛國主義精神的弘揚、同盟會領導起義的演進、孫中山革命思想的指引、辛亥首義精神的發展延伸等幾個方面，論述辛亥首義精神的源與流，使人們進一步認識和理解辛亥首義精神形成與發展及其來龍去脈。

四是從辛亥首義精神推進了中國現代化的過程、打開了思想進步的閘門，以辛亥武昌起義為標誌的辛亥革命，影響了早期中國共產黨人，辛亥首義精神與辛亥首義文化和武漢城市精神等方面，闡述辛亥首義精神的歷史作用。

五是站在歷史、現實和未來發展的高度，把辛亥首義精神與時代精神相結合，面對當今世界經濟全球化，各種思想文化交流交鋒，相互激盪，世界性的文明競爭日益激烈，挑戰與機遇並存，我們要繼承弘揚辛亥首義精神，繼往開來、團結奮鬥、銳意進取、開拓創新。讓辛亥首義精神在把武漢建成現代化國際性城市、推進海峽兩岸和平發展與祖國統一、實現中華民族的偉大復興中，放射出新的光芒！

六是闡述了中國共產黨是繼承弘揚和發展辛亥首義精神的核心與典範，賦予辛亥首義精神新的時代特色。

七是書中有選擇性地插入了一些歷史資料圖片，冀以達到圖文並茂、增強讀者直觀的效果。

全面、系統地研究辛亥首義精神，是一個很有意義的課題，也

是一個難度較大、有待深入研究的課題。我們雖力求使本書具有以上所說的特點，但是否真正實現了，只能由讀者去評說。需要指出的是，有關的一些歷史資料和某些人的話語，在本書有的章節中出現了重複引用的現象。在寫作的過程中，我們雖努力儘量避免，但還是不盡人意。考慮從各自不同的角度來進行闡述，只好作罷。

　　本書時逢在紀念辛亥革命一百周年出版，謹以此紀念為民主共和而奮鬥獻身的辛亥革命志士。同時拋磚引玉，以期更多的人關注和研究辛亥首義精神。書中的缺點和我們沒有發現的錯誤，懇請得到各位方家和廣大讀者的批評指正。

第一章　辛亥首義精神的豐富內涵

　　1911年10月10日的武昌首義，不僅揭開了辛亥革命勝利的序幕，給清朝封建統治以致命的一擊，導致中國封建君主專制制度的滅亡，而且給中華民族留下了一筆寶貴的精神財富。這筆精神財富就是辛亥革命武昌首義精神，簡稱辛亥首義精神。辛亥首義精神有著豐富的精神內涵。

一、敢為人先的首創精神

　　辛亥首義充分展現了敢為人先的首創精神。這種敢為人先的首創精神，主要表現在以下幾個方面：

　　1.取得了第一次省城反清革命武裝起義的勝利，敲響了兩千多年封建專制制度覆滅的喪鐘。

辛亥首義工程營發難處

　　1911年10月10日傍晚，從武昌城南右旗新軍第八鎮工程八營營房突然傳來幾響清脆的槍聲，劃破了湖北省城武昌寂靜的夜空。一群士兵衝出營房，直奔楚望台軍械庫，城內其他一些新軍標營士兵從四面八方迅速向楚望台集結，城外輜重隊、炮兵和騎兵急速開入城內。不久，通往湖廣總督府的街道槍聲大作，繼而炮聲隆隆，火光衝天，喊殺聲、槍炮聲連成一片......由文學社和共進會革命黨人領導發動、震驚中外的武昌起義爆發了！經過一夜激戰，革命軍即克督署、藩署等衙門，進而攻克漢陽、漢口，擊潰清軍張彪、廕昌部隊的反撲。其後，又與前來圍剿鎮壓的袁世凱北洋軍展開規模宏大而激烈的武漢爭奪戰。

　　武昌起義一舉成功，取得了第一次省城反清革命武裝起義的勝利。在武昌起義之前，孫中山、黃興等人策劃發動過十多次武裝起義。就在武昌起義的當年，曾發生過廣州黃花崗起義和保路運動中

四川成都保路同志軍起義。這些起義，要麼透過「外輸式」即輸入武裝人員的方式發難，缺乏「內在基礎」，要麼因內部因素積蓄革命力量不夠，均告失敗。武昌起義從醞釀、組織到爆發，湖北革命黨人在當地軍隊和社會有扎實的根基，把工作做到瓜熟蒂落、水到渠成的地步，可以說是一場積蓄力量的「內爆型」革命，並得到了全國各地的回應支持，創造了武昌首義模式。正如蔣方震在《中國五十年來軍事變遷史》中所指出：「歷次革命皆自外鑠，其勢不堅，而武昌革命則其勢由內而外，由下而上，其成功也，非偶然也。」武昌起義的一舉成功，使中國歷史上具有了比較完全意義的資產階級革命，以武昌起義爆發的辛亥年命名，武昌起義當之無愧地被稱作「辛亥首義」。

武昌首義，把以孫中山為首的革命黨人在全國各地發動的武裝起義推向了新的高峰，打響了擊落封建君主皇冠的第一槍，敲響了兩千多年封建專制制度覆滅的喪鐘。武昌首義後不到兩個月，全國已有14省（市）回應宣布脫離清政府而獨立，統治中國260多年的最後一個封建王朝——清王朝，迅速陷入土崩瓦解的境地。「能爭漢上為先著，此復神州第一功」，這就是當年黃興對武昌首義的褒獎。

首義第一槍雕塑

湖北軍政府大樓

2.建立了第一個資產階級革命政權。

　　1911年10月11日，取得了起義勝利的革命黨人，按照中國同盟會制定的《革命方略》，憑著對其宗旨的信仰和首創精神，在武昌閱馬場諮議局大樓，經民主協商決議，成立了中華民國鄂軍都督府即湖北軍政府，下設軍務、政務、參謀、外交等部。這是中國第一個資產階級革命政權。在中華民國中央政府成立之前，湖北軍政府曾代行中央政府的職權。湖北軍政府一成立，便發出告示、宣布起義宗旨、嚴明革命紀律、安定民心、穩定社會、通電全國、號召各省響應起義；廢除了清宣統年號，代之以黃帝紀元（1911年為黃帝紀元四千六百零九年），確立了革命軍軍旗為十八星旗；組織、領導抗擊清軍反撲的武漢保衛戰，等等。在短短的兩個多月時間內，進行了一系列卓有成效的軍政活動。儘管湖北軍政府成立時，內部一開始就形成了革命派、舊官僚、立憲派三駕馬車的格局，進而逐漸變色瓦解。但作為革命政權建立的標誌，為爾後回應

起義而「易幟獨立」的各省樹立了榜樣，在中國歷史上結束封建帝制、開啟民主共和的歷史功勳是不可磨滅的。南京臨時政府北遷以前，它基本上是一個資產階級革命政權。

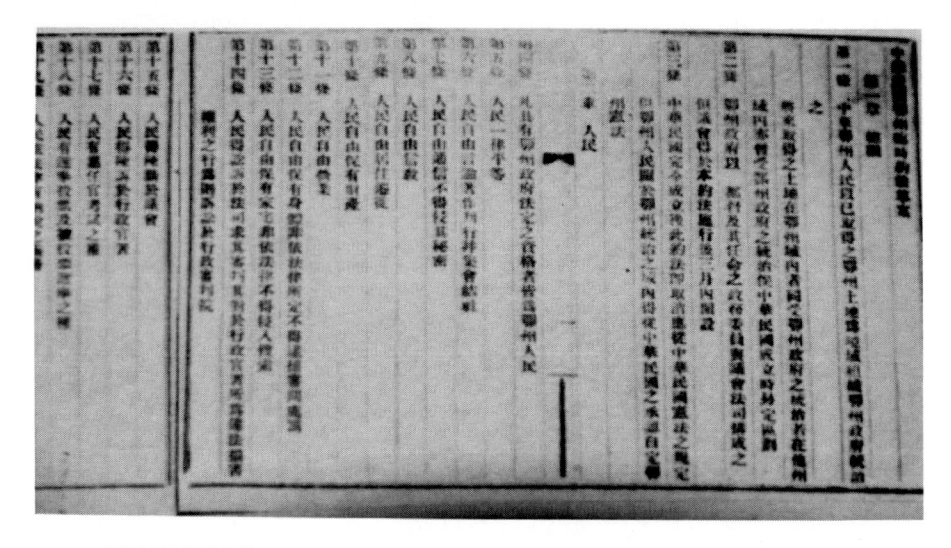

《鄂州約法》

3.頒布了第一部具有資產階級憲法性質的《鄂州約法》。

1911年11月9日，革命黨人以湖北軍政府的名義，正式頒布了由首義同志集議，宋教仁起草的《中華民國鄂州約法草案》。《鄂州約法》共計七章六十條，規定人民一律平等，享有言論、集會、結社、通訊、信仰宗教、居住和遷徙等自由；人民有選舉和被選舉權。規定實行民主政治，確認「主權在民」和「三權分立」等原則。它的與頒布，既否定了封建君主專制制度，也摒棄了君主立憲制度，宣告了盛行幾千年的君權神授的封建制度在湖北滅亡和資產階級民主共和制度的誕生，使資產階級民主共和國方案第一次以根本法的形式確定下來，昭示了民主制共和國的形象，這是中國歷史上一件破天荒的大事。這部約法，對動員人民擺脫清朝封建專制統治、推動資產階級民主革命在湖北和全國的發展有著很大的作用。

同時也為以後其他獨立各省組建政府、制定約法樹立了典範，如《江西臨時約法》也是七章六十條，內容幾乎完全與《鄂州約法》一樣。為以後南京臨時政府公布的《中華民國臨時約法》提供了藍本，成為其雛形。這「三個第一」，是湖北革命黨人、參加起義的士兵和群眾集體實踐的結晶，是大智大勇的時代產物，是敢為人先的首創精神的集中表現。正因為有了這「三個第一」，所以孫中山稱讚「民國開創，武漢實為首功」。

二、勇往直前的拚搏精神

武昌首義在起義前、起義中和起義後經受了三次嚴重的考驗，革命黨人、起義士兵和群眾表現出了驚天地、泣鬼神、勇往直前的拚搏精神。正如孫中山所說，革命應「勇往直前，以浩氣赴事功，置死生於度外」。

第一次考驗，是在黃花崗起義失敗的形勢下，湖北革命黨人以「亡清必楚」的進擊姿態，挑起了在兩湖地區發動起義的重擔。

1911年4月27日黃花崗起義，是孫中山、黃興領導的影響最大的一次武裝起義。這次起義失敗，戰死和被捕遇難的革命黨人達100餘人，「碧血橫飛，浩氣四塞，草木為之含悲，風雲因而變色」。革命黨人為之痛心疾首，悲憤填膺。清廷和各省疆吏也大為震驚，大喪其膽。清政府由此採取進一步措施，更加嚴密地監視和防範革命黨人的活動。在這種嚴峻的形勢下，湖北革命黨人沒有後退一步，他們以「亡清必楚」的進擊姿態，準備在武昌起義。5月初，同盟會的居正和共進會的劉公、孫武、焦達峰、楊時傑等在胭脂巷24號共進會機關緊急開會。孫武提出：「現在廣東既無望了，自應由我們兩湖首先起義，號召各省響應」，得到與會者的贊成。會議決定：以武昌新軍為主力準備起義，同時與文學社實行聯

合，並派楊時傑、查光佛、楊玉如負責與文學社聯絡，祕密地進行武裝起義的準備。7月中下旬，《大江報》先後發表了《亡中國者和平也》、《大亂者救中國之妙藥也》的時評，鼓吹以暴力手段救國救民，為革命推波助瀾，把矛頭直指清廷，觸怒了敵人。8月1日晚，在漢口巡警數十人的包圍下，《大江報》被查封，報館主筆詹大悲、何海鳴被捕入獄。但革命黨人仍無所畏懼，不斷突破敵人的嚴密監視和防範，緊張進行起義前的各種準備。

孫武像

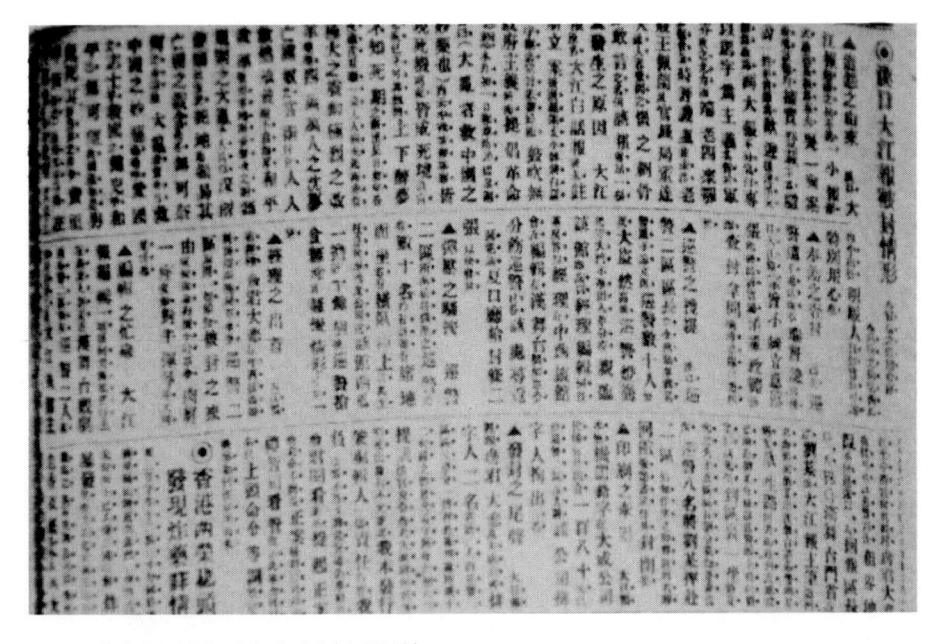

《大江報》被查封的報導

　　第二次考驗，是在孫武配製炸藥失事、三烈士被捕遇難、起義機關遭受嚴重破壞的緊要關頭，湖北革命黨人毅然決然發動起義。

　　9月24日，已實現聯合的文學社、共進會兩團體召開會議，拉開了武昌起義的序幕。會議通過了起義計畫和起義後軍政領導機構等，決定這年中秋（10月6日）起義。不料，會議之後社會上流傳「八月十五殺韃子」、革命黨「中秋起事」之說。加之發生南湖炮隊事件和準備不足，清湖北軍政當局加強了戒備，起義延期至16號發動。10月9日，孫武等人在漢口俄租界寶善里機關配製炸藥時不慎失事，孫武受傷，機關遭到敵人破壞，起義的旗幟、符號、文告、袖章、名冊、信件等均被搜洗一空。接著，武昌小朝街的起義總部和其他機關也遭到破壞，革命黨人大批被捕。10日凌晨，清湖北總督瑞澂殘酷地殺害被捕的彭楚藩、劉復基、楊洪勝三人，並根據所獲名冊大肆搜捕革命黨人。一時間城門禁閉，營門封鎖，武漢三鎮處在恐怖氣氛之中，可謂「黑雲壓城城欲摧」。在這歷史緊

要關頭，革命黨人沒有被嚇倒退後，而是「三烈在前，我們繼後」，勇往直前，奮起抗爭。毅然決然於10日晚一聲槍響，諸營回應；一夫左袒，三軍盡甲，發動了震驚中外的武昌起義。

　　第三次考驗，是清兵大軍壓境，革命處於生死存亡的關頭，革命黨人和起義的士兵群眾浴血奮戰，保衛首義勝利成果。

被清軍焚掠後的漢口街市

　　武昌起義爆發後，清廷急調陸軍大臣廕昌率軍大舉南下，並令海軍提督薩鎮冰率艦隊溯江而上，企圖盡快奪回武漢，撲滅革命。為保衛首義之區和新生革命政權，湖北軍政府積極擴軍迎戰。當時革命軍不足5000人，面對這一嚴峻形勢，軍政府發出募兵告示，不到5天招募了2萬名新兵，這些新兵大多數未經過訓練就投入戰鬥。10月18日，「陽（漢陽）夏（漢口）戰爭」在漢口劉家廟打響。漢口爭奪戰從10月18日開始，展開拉鋸戰，後因清軍不斷增加兵力，採取縱火焚燒街面房屋而前進的兇殘辦法，革命軍寡不敵眾，失去了巷戰的依託，於11月2日放棄漢口，退守武昌、漢陽。

革命軍傷亡六七千人，紅十字會僅在大智門外收殮革命軍屍體總計不下2000餘具，就地歸葬為六座墳塋，此後這裡的地名就叫「六大堆」。漢陽爭奪戰從11月3日開始至11月27日結束，革命軍傷亡3300餘人。在保衛首義勝利成果的戰鬥中，革命軍始終是英勇奮戰。漢口紅十字會的醫生王培元描述當時戰場見聞說：「民軍勇往直前，誓死不回」，「受槍傷後，忍痛前進，不肯就醫」。可見革命軍勇往直前拚搏的英雄氣概。

1911年孝感清軍過浮橋向漢口增援

陽夏戰爭是辛亥革命中規模最大、戰鬥最激烈的戰爭，這場戰爭歷時40餘天。清廷方面視陽夏之役為「存亡關鍵」，將軍事上的最後血本幾乎全數投入，遂「勢成孤注」。其間，北洋六鎮奉令由直隸開赴湖北，起用袁世凱並授為欽差大臣節制調遣湖北前線陸海軍，袁親赴孝感督陣。革命軍方面，黃興出任戰時總司令，與清軍展開殊死較量，湘、寧、贛等省義軍相繼援鄂，漢口的商民和社團也投入戰鬥，各種志願戰鬥組織以決死隊、敢死隊等為名參戰。從武昌起義至漢陽失陷，革命軍英勇抗擊清軍48天，犧牲人數逾萬，其中無名者多達4300人。雖然漢口、漢陽失陷了，但是這次戰爭的功勳是永不朽的。正如辛亥革命志士張難先所說：「有此萬餘人之頭顱，支持武昌根據地兩月，使各省膽氣雄壯，次第反正」，從而推翻了268年的清王朝的封建專制統治，「則此萬餘名

英雄之功績」。與此同時，革命黨人和起義的士兵群眾浴血奮戰，保衛首義勝利成果，用生命鑄成的視死如歸的英雄氣概和勇往直前的拚搏精神也是永垂不朽的。

三、善抓機遇的果斷精神

反清革命武裝起義的實踐告訴人們，起義時機尚未成熟而貿然發動企圖僥倖取勝，或者起義時機已經成熟而仍然猶豫不決，都會給革命造成巨大損失。武昌起義一舉成功，離不開湖北革命黨人善抓機遇的果斷精神。當時起義時機已經成熟，革命形勢蓬勃發展，出現了亡清歷史契機。

一是清政權危機四伏，統治搖搖欲墜。

1908年11月，光緒和慈禧相繼死去，12月，不滿3歲的溥儀被抱上皇位。清王朝持續半個世紀的強人統治結束，其遺留下來的尖銳的民族、階級、社會等各種矛盾積重難返。輔政的攝政王載灃任用親貴，以「皇族內閣」代替「責任內閣」，實行皇族集權，寧可甘為「洋人的朝廷」，也不肯放棄權力，實行真正的改革。這引起漢族官吏和立憲派失望和深為不滿，「全國為之解體」，「舉國騷然，朝野上下，不啻加離心力百倍」，使滿洲貴族的集權統治更加不得人心，清王朝更加孤立。而清政府的鐵路國有政策，實質上是強盜的劫奪和奴才的賣國，對保路運動殘暴地壓制只能激起人民更大的反抗。於是，本來已經激化的帝國主義與中華民族的矛盾、封建勢力與人民大眾的矛盾越發尖銳。滿、漢矛盾，皇族親貴與地方官紳矛盾，以及買辦資產階級與民族資產階級的矛盾等，都達到非常緊張的地步。人們對清王朝統治的厭棄情緒，無以復加。在陝西流傳著的「不用掐，不用算，宣統不過二年半」的民謠，恰當地反映了武昌起義前形勢和群眾心頭的預感。正如孫中山所形容的，

清政府「可以比作一座即將倒塌的房屋，整個結構已從根本上徹底地腐朽了，難道有人只要用幾根小柱子斜撐住外牆就能夠使那座房屋免於傾倒嗎？」

四川紀念保路運動「辛亥秋保路死事紀念碑」

二是保路運動席捲湘、鄂、川、粵各省，全國革命形勢蓬勃發展。

1911年5月清政府借鐵路國有為名，將已歸商辦的川漢、粵漢鐵路收歸國有（川漢、粵漢鐵路的修築權，在全國各地掀起的收回

路權和礦權運動中，已從清政府出賣給洋人的手中收回改歸商辦）。旋又接受政治奴役性的外債，大舉向英、法、德、美四國簽訂借款合同，將鐵路修築權出賣給帝國主義。這種「奪路送與外人」的賣國行徑，激起全國人民的強烈反抗，保路運動席捲湘、鄂、川、粵各省。留日中國學生也紛紛集會聲援，表示「路存與存，路亡與亡」。四川反抗尤為激烈。6月川漢鐵路股東代表在成都開會，成立保路同志會，參加者達數十萬人。在革命黨人的推動下，8月下旬，保路運動由「破約保路」發展為反清武裝起義。清政府命四川總督趙爾豐嚴行鎮壓，製造了「成都血案」。成都附近州縣保路同志軍聞訊，立即起事，旬日間二十萬人包圍成都。清政府急調鄂、湘、陝、黔、滇等軍隊援川圍剿。在此前後，長江流域大水成災，各地群眾自發的反暴政、反苛捐的鬥爭不斷發生。從1902年至1911年間，各地民變多達1300餘起。清政府的鎮壓、屠殺，其後果正如揚湯止沸，各階層人民鬱積已久的革命怒火，更熾烈地燃燒起來。革命已如箭在弦上，一觸即發。

　　三是湖北城鄉民眾自發性暴動連續不斷，呈現出一觸即發的革命形勢。

反映中國國內階級矛盾和民族矛盾尖銳的漫畫

　　帝國主義列強和清政府的交相壓榨，名目繁多的苛捐雜稅，加之天災人禍，把人民群眾逼向無法生存的境地。為求生存，湖北各地饑民抗糧、搶米、聚眾求賑的事件層出不窮。反洋教鬥爭、反帝愛國運動、收回利權運動、反清起義，以及工人罷工、商民罷市、

學生罷課等形式的反帝反封建鬥爭，也在各府州縣蓬勃發展。如1908年5月，漢口因當局無償地剝削人民土地爆發了後湖反清丈鬥爭，將清丈局搗毀一空。1909年，長江氾濫，湖北災區達30個縣，災民達300萬。1910年到1911年，漢陽、石首、京山、潛江、廣濟、天門、隨縣、光華等縣發生饑民搶米事件。1911年1月，咸寧爆發溫朝鐘領導的鐵血英雄會起義。大量饑民和破產失業的農民及其他勞動者湧入城鎮，加劇了社會的動盪危機。1909年流落到漢口的災民達20萬。1911年初，漢口人力車夫吳一狗無故被英巡捕活活打死，地方官吏不僅不為工人申述，反而為英方袒護，激起了人民的憤怒。武漢爆發了反抗外國侵略者及其走狗清朝官吏的鬥爭，數萬民眾集會聲討，將此起彼伏的反清鬥爭推向高潮。當時的湖北，從城市到鄉村，普遍是「民怨且憤」。推翻禍國殃民、腐敗無能的清王朝，成為各階層人民的一致要求和願望。「湖北翻了天，犯人全出獄，紅衣滿街走，長毛在眼前。」這首武漢兒童爭唱的歌謠，反映出湖北革命形勢的成熟和人民群眾對行將到來的革命高潮的呼喚與期待。

此外，湖北革命黨人長期運動新軍，進行了艱苦、扎實的宣傳、組織和發動工作，積蓄了比較雄厚的革命力量。武昌起義前，武漢一部分新軍奉命調往宜昌鎮壓革命，這固然會分散武漢地區積蓄起來的革命力量，但也導致清湖北軍政當局統治腹心空虛，使武漢成為更有利於首義發難的地點。而調到外地的新軍，還可以與當地的革命力量聯合起來，回應武昌起義。還有，當時帝國主義之間重新瓜分世界的鬥爭日益激烈，它們對中國革命暫時難於插手，不可能聯合起來進行大規模的武裝干涉。

上述這些客觀和主觀的條件因素，表明波瀾壯闊的革命高潮已經形成，亡清的歷史契機已經到來，起義的時機已經成熟。正如列寧所指出：「對於革命來說，僅僅是下層社會不願意像原來那樣生活下去是不夠的。對於革命還要求社會不能像先前那樣統治和管理

下去。」在這一關鍵時刻，如果觀望等待，就會錯失良機。湖北革命黨人果斷地抓住了機遇。他們認為當時「真是千載一時的好機會」，「時乎不再，盍興乎來」。否定了一些人的等待「外款接濟」、「不可輕易發動起義」的意見和舉棋不定的態度，堅決表示「即無外款接濟」，也「勢在必行」。根據這一決定，革命黨人抓緊做好了聯合組織、匯聚力量、籌措經費、趕製炸彈、成立起義領導機構、武裝起義計畫、聯繫各處配合回應等各種準備。儘管在起義前領導機關遭到破壞，主要領導人或已在監獄，或被迫逃亡，或不幸被捕、英勇就義的情況下，湖北的革命黨人始終沒有畏懼和動搖，積極主動按計劃一如既往發動起義。進軍楚望台、夜攻總督署、占領武昌城，並一鼓作氣，連克漢陽、漢口，奪取全勝。武昌起義的勝利，可以說是湖北革命黨人善抓機遇的果斷精神的勝利。

四、通力合作的團結精神

辛亥首義前，湖北革命黨人深知單靠自己的力量是很難推翻清朝統治者的，必須實行革命大聯合，通力合作，爭取和團結一切力量，「為著推翻清朝而聯合各個革命派別與會黨」。「利用一切機會，哪怕是極小的機會，來獲得大量的同盟者，儘管這些同盟者是暫時的、動搖的、不穩定的、靠不住的、有條件的。」武昌首義的勝利，體現了通力合作的團結精神。

1.和衷共濟，通力合作，實現革命團體間的聯合團結。

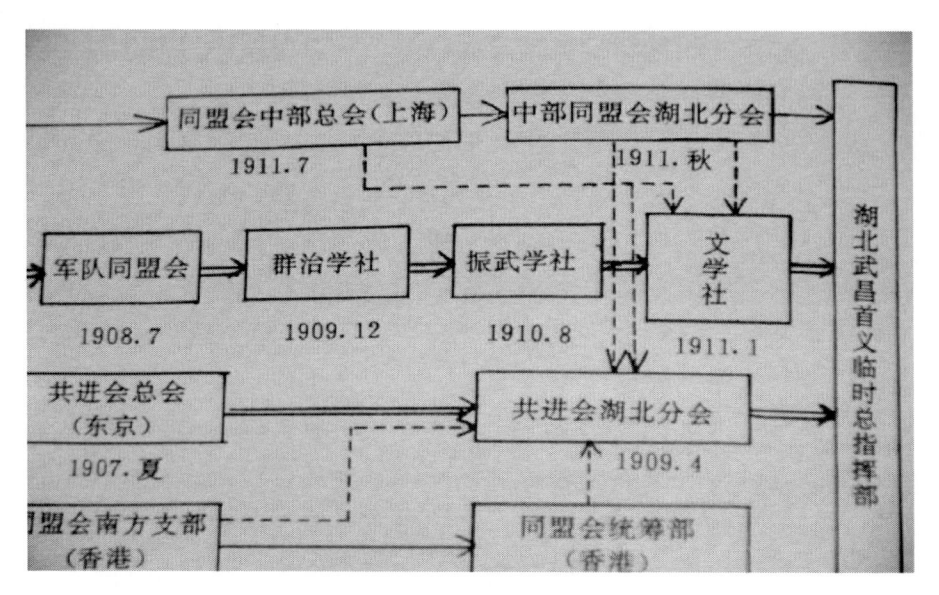

同盟會和湖北革命團體組合及武昌首義關係示意簡圖

兩團體舉行聯席會議舊址

共進會和文學社是武昌起義的主要發起者、組織者和領導者，都是擁護孫中山革命主張的團體。在未實行聯合之前，雖然都致力於推翻清王朝的統治，有著共同的目的和實踐行動，但在發展組織、以誰為主體、如何看待對方等問題上存在門戶之見，影響團結和革命運動的進展。比如，這兩大革命團體都積極在新軍內發展組織，以致出現這樣的情形：同一標營，兩團體各有代表；同一士兵，兩團體爭相汲引，造成不少矛盾。革命形勢的發展和起義時機的日益成熟，迫切需要兩團體摒棄偏見，攜手並肩，通力合作，團結一致，共同對敵。「合則兩美，離則兩傷」，「合則力量聚而大，分則力量散而小」。兩大團體的領導人都認識到了這個問題的必要性和重要性，雙方經歷了多次磋商和開會研究。

1911年5月11日，兩團體召開合作會議，主要就合作的必要性及如何消除雙方在發展成員時所產生的矛盾交換了意見。6月14日，兩團體再次舉行會議，就合作的有關問題進行協商。9月14日，兩團體第三次召開大會，大家一致認為，起義「時機將成熟，湖北革命團體宜聯合組織最高機關，統一指揮，籌備大舉，以免臨時張惶」。會議決定：和衷共濟，通力合作，將文學社、共進會的名義擱置不用，一律以革命黨人名義參加起義。廢置原各自準備發動起義的指揮系統，建立統一領導、統一指揮、統一計畫、統一行動的機構。推舉蔣翊武為總指揮，孫武為參謀長，並派人邀請黃興、宋教仁來漢主持大計。至此，兩團體從組織上真正實現了革命聯合。9月24日，已實行聯合的兩團體召開大會，制定了起義計畫，確定了起義日期和起義後的軍政府領導機構等。起義準備工作按計劃有條不紊地加緊進行。儘管以後接連發生種種突然事變，起義仍能在10月10日舉行並取得成功。共進會和文學社的通力合作，為武昌起義的勝利奠定了重要的基礎。

這裡需要指出，共進會與文學社雖經聯合，但宗派還存在，體現在武昌起義後湖北軍政府組成的人選比例中。特別是共進會領導

人孫武在出任湖北軍政府軍務部長期間，作風跋扈，獨斷專橫，排斥文學社成員，且又組織「民社」與同盟會分離，縱容孫發緒攻擊孫中山和南京臨時政府，遂激起文學社和共進會部分成員不滿，發生「群英會倒孫」事件。事後，黎元洪借機把湖北軍政府的大權攬於一手，並以「叛亂」為由大肆捕殺革命黨人。文學社與共進會的內訌使革命黨人元氣大傷，黎元洪坐收漁利。這從另一個方面說明，革命團體間的通力合作聯合是多麼重要。

2.運動新軍，爭取團結他們，使其由清政府控制的反動武裝轉化為革命黨人掌握的反清革命武裝。

張之洞編練的湖北新軍與袁世凱編練的北洋新軍，雖然都是維護清王朝統治的工具，但北洋新軍較早就形成一支帶有私人性質的軍閥武裝。北洋新軍高級將校，大多數是追隨袁世凱起家發跡的「小站舊人」，對所有將校兵弁，袁世凱「向他們灌輸了忠誠觀念，不過主要是向袁世凱而不是向皇帝效忠」。在這樣一個派系森嚴黨羽固結的軍閥隊伍裡，不僅革命黨人難以展開活動，就是清朝統治集團內其他派別的勢力，也不易插入。湖北新軍還不具備此種功能。張之洞雖然也在自己創練的新軍中安插親信，嚴加控制，但不像袁世凱那樣一開始就處心積慮地要編練一支歸屬自己的軍閥隊伍。此外，湖北新軍中的士兵和部分中、下級軍官，大多是穿上軍裝的農民和受過一些新式教育的小資產階級知識份子，還有一部分留日回國的軍校學生。他們對清政府不滿，比較容易接受資產階級民主革命的思想。正是基於這樣的差別和狀況，同時鑒於多次發動起義「由本黨另外起一支兵，打那一些清兵，想把他們盡數消滅，他們一定拚命來反抗，那麼，我們的革命恐未必能成功」的教訓，運動新軍，爭取團結他們，使其由清政府控制的反動武裝轉化為革命黨人掌握的反清革命武裝，始終是湖北革命黨人活動的重點，幾乎與革命團體的創建同時進行。

「自立軍」起事失敗以後，湖北一部分革命黨人便認識到革命「不能專靠會黨作主力」，「革命非運動新軍不可，運動新軍非親身加入行伍不可」。革命黨人劉靜庵、張難先等先後入伍，日知會、群知社、振武學社等骨幹成員，也都由「莘莘學子」一變而為「桓桓武夫」。文學社和共進會亦積極大力在新軍中發展組織。透過「投筆從戎」、「入虎穴取虎子」，深入隊伍，長期潛伏，對廣大士兵進行深入、艱苦的宣傳和組織工作，至武昌起義前夕，根據《前文學社同人公啟》的說法，新軍中僅文學社的參加者就有三千餘人，如果加上共進會成員，新軍中的革命黨人當在五千之數。另據統計，「總計當時湖北新軍第八鎮和第二十一混成協共約一萬五千人，純粹革命黨人將近兩千人，經過聯繫而同情革命的約四千多人，與革命為敵的最多不過一千余人，其餘都是搖擺不定的」。這也就是說，在1.5萬新軍中，擁護和參加革命組織的約占1/3，持中立和觀望態度的約1/3多，反對革命或被長官控制與革命為敵的只有1/5。由此，革命黨人實現了「抬營主義」，即把新軍的若干標營從清方抬到革命方。所以起義爆發時，工程營首先發難，其他許多部隊也紛紛起義回應，不到三天，武漢三鎮光復。清廷在武漢布防的新軍，除張彪帶走的輜重第八營殘部和被他挾持的第四十二標第三營未能起義外，其他差不多全部轉到革命方面來了。像湖北革命黨人運動新軍，強有力地掌握了新軍的各級組織，使之能從建制地及時轉變為發動起義的武裝力量，在此前歷次起義中是絕無僅有的。

　　3.與群眾鬥爭聯合起來，軍民團結一致，共同對敵。

反映人民積極參加保路運動的漫畫

　　湖北革命黨人還注重把武裝起義與當時武漢和全國各地進行的抗糧、抗捐、抗稅和保路運動的群眾鬥爭聯合起來，並進行宣傳鼓

動，形成反清革命的氛圍。如在保路運動中，他們強調：「現在清政府強將川漢鐵路收歸國有，激起人民反抗，我們應乘此時機，向保路會接洽，擴大活動範圍」，「將所有各部革命團體聯成一氣」。他們還利用報刊大聲疾呼：「大亂（即革命）者，救中國之妙藥也」。「和平已無可望矣，國危如是，男兒死耳！好自為之。」同盟會會員江元吉在武漢的一次反對清政府鐵路國有政策的數千人集會上，為動員群眾起來鬥爭，割肉寫「流血爭路，路亡流血；路存國存，存路救國」16個大字的血書。第二十九標革命黨人陶勳成參加保路集會，演說歷數清廷無道，媚外辱國，強收民股，等於搶劫，說到憤激時，自斷左手食指，以表示反抗決心。革命黨人把武裝起義與群眾鬥爭聯合起來，進行宣傳鼓動，為日後武昌起義的勝利打下了有利的社會基礎和群眾基礎。

　　正是這樣，武昌起義爆發後，得到了市民群眾的參與和支持，軍民團結一致，共同對敵。如革命軍夜攻督署時，需要利用大火照明，以便炮隊準確擊中目標。派人向附近居民曉諭，讓他們速避，並承諾戰後賠償損失。居民卻說：「何須賠！煤油在此，請君動手。」他們毫不猶豫地捨棄房屋財產，以利革命軍作戰。武昌起義後，不僅城市秩序比較穩定，「不現恐慌之象」，而且「街市之上，幾乎道不拾遺。三鎮居民，對於革命同志、革命兵士，真是簞食壺漿以迎。革命軍在前方打仗，不須預備軍糧，人民按日送飯。至於運輸各職務，不需軍令，由人民自由運到」。在保衛首義勝利成果的「陽夏戰爭」中，市民踴躍參軍，漢口市郊農民主動扒掉鐵軌，阻止清軍進犯。劉家廟戰鬥，民眾揭竿而起，協助民軍痛擊清軍。漢口商會會長蔡輔卿、商務總會會董李紫雲主動捐款，以大量糧米供應軍需，還組織商團配合民軍作戰。在「陽夏戰爭」中，湖北武漢和全國民眾以及海外僑胞協助民軍參戰的各種志願戰鬥組織達20多個，連婦女、學生、僧人都前來參戰。這在革命黨人此前發動的歷次起義中都是很少見到的。

五、不競聲華的實幹精神

武昌起義是一場積蓄力量的「內爆型」革命，這場革命取得成功，是與湖北革命黨人不競聲華的實幹精神分不開的。主要表現在：

第一，腳踏實地，埋頭苦幹。

鄂省黨人，恥聲華，厭標榜，木訥質直。他們不企求以壯烈的一死去聳動視聽，認為那種「十步之內，血火飛紅」的「暗殺主義」不足以成大事；他們不屑於以華麗的言談文字去博取虛名；也沒有像同盟會的某些領導那樣急於求成，而是走著一條艱苦踏實的道路：長期深入下層，運動會黨，發動新軍，扎扎實實做好宣傳和組織工作。「湖北黨人，自成風氣，類皆尤埋頭苦幹，不以外觀相誇耀者也。」「以為空言無補於實事，故專以運動為唯一之革命工作。」他們有著可貴的「不競聲華」的實幹精神。

第二，革命輿論宣傳教育工作扎實深入，頗具特色。

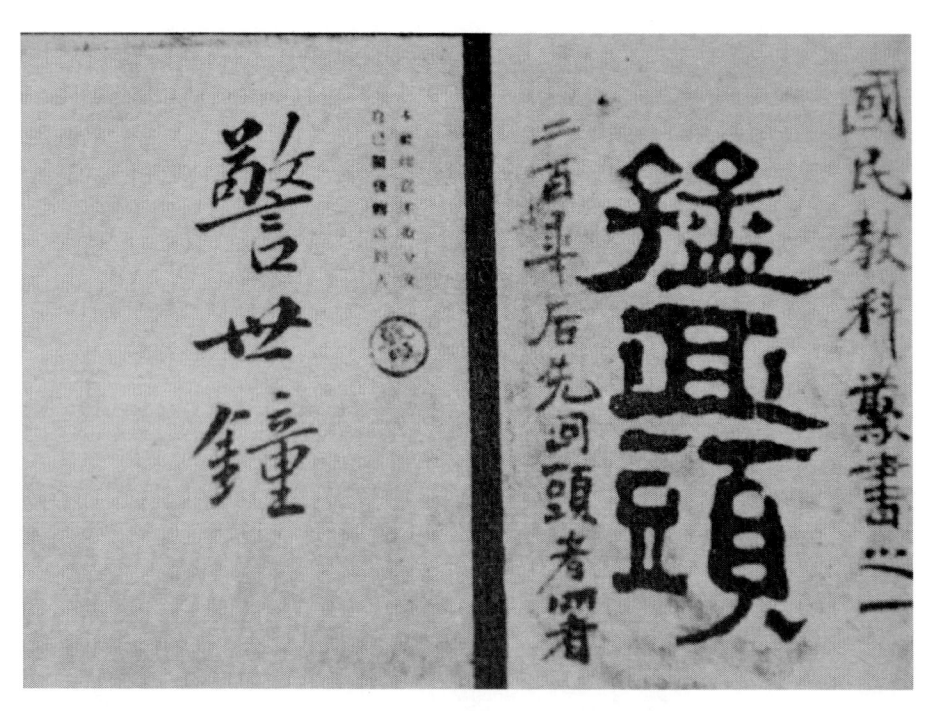

陳天華1903年撰寫的《猛回頭》、《警世鐘》

　　湖北革命黨人重視革命輿論宣傳教育工作，強調要使人們「真正認識革命而歸依之」，必須「灌輸知識」，「喚起革命」。具體說來：一是在宣傳組織上，擁有一支立足於本地的宣傳隊伍，先後投身於革命宣傳事業的不下百人。在軍營中設立了報紙分銷處和特約通訊員，建立了有效的宣傳網路，直接將報刊發行到新軍營隊的分銷系統。透過「營代表」的建制，單線祕密傳送消息，使資訊傳送迅速，很少被破獲。二是在宣傳對象上，立足於新軍和小知識份子，以下層民眾為主，不失時機地深入到工農群眾中去宣傳。如到潛江等縣饑民中宣傳鼓動，與工人一起幹活並趁機宣講革命道理，宣傳範圍遠及兩廣和長江沿線。三是在宣傳內容上是「革命排滿」、「救亡圖存」，把反清與建立共和聯繫起來。

《漢聲》雜誌

　　散發革命書刊多為《革命軍》、《猛回頭》、《警世鐘》，以及《民報》、《湖北學生界》、《新廣東》、《浙江潮》、《新湖南》、《揚州十日記》、《嘉定屠城記》、《支那革命運動》、《帝國主義》、《黃帝魂》、《孔孟心肝》等等。這些書刊的內容

主要是揭露帝國主義入侵掠奪中國的罪行，揭露清政府腐敗無能，宣揚中華民族的偉大，「辨明君輕民貴之關係，……而推廣於共和政體」。四是在宣傳形式上靈活多樣。或舉辦公開演講，如日知會利用基督教的合法地位，每學期日開演說會一次，聽眾達千餘人；或在交談中「迎機啟示」，「講有關故事以激勵之」；或採取編唱歌曲、吟詩聯句、放映幻燈片、做遊戲、問出身經歷等方式，啟發民族情緒，宣傳反清革命；或開設酒店於軍營附近，在飲酒吃飯之際，相機傳播革命道理；或由近及遠，由淺入深，講述身邊的人和事，收到良好的效果。如文學社宣傳反清革命，從「本鎮各標營旗籍官兵，均係雙糧雙餉；其他一切享受，均在漢人以上」等切身感受講起，然後再引申到「種族革命」、「救國救民」，對新進的同志啟發很大。五是把公開宣傳和祕密宣傳相結合。湖北革命黨人十分重視報刊宣傳革命的作用，早在1903年1月，湖北留日學生就在東京創辦了《湖北學生界》（後改為《漢聲》）。

　　1905-1911年間，湖北鼓吹發展資本主義、呼號反清革命的報刊多達50餘家，主要有《江漢日報》、《湖北日報》、《湖北女學日報》、《通俗白話報》、《漢口商務報》、《雄風報》、《政學日報》、《大江白話報》、《大江報》、《夏報》、《武漢白話新報》、《新鄂報》等。其中《大江報》社會影響最大，以「提倡人道主義，發明種族思想，鼓吹推翻滿清罪惡政府」為宗旨，對清政府的黑暗和腐敗，不遺餘力地揭發，仗義執言，被譽為在全國首屈一指。該報以湖北新軍為主要對象，給「各營隊送義務報一份，以供同志閱覽」。與此同時，湖北革命黨人在黃州設立祕密印刷所，翻印革命書籍，大量輸入武漢，重視在少數人中祕密進行更為深入細緻的宣傳教育。

　　第三，組織系統比較健全和嚴密。

　　一是領導機構在社長之下設文書、會計、評議等部，各級領導

實行選任和推任，逐級領導，單線聯繫，「至有不同營之社員相見，彼此不知同為社員。」二是在新軍隊（連）一級中建立基層組織，文學社稱組，共進會稱支隊，一般是20人左右。在各標（團）、營、隊（連）分設代表，與總社進行直線聯繫，彼此之間不發生橫的聯繫。一旦舉義，各級代表即為各級軍官，有完備的指揮系統。三是發展組織成員進行比較嚴格的審查，對象多為貧困知識份子和士兵，亦慎重挑選少數軍官，經人介紹審查後，方可成為會員，手續較完備。比如文學社規定：「凡加入本社之同志，須得本社社員三人以上之介紹，經本社派員考查，確認為與本社宗旨相合、願守本社一切規章者，方得為本社社員。」組織系統的健全和嚴密，使湖北革命黨人在新軍中打下了比較堅實的根基。

此外，不少革命團體以研究「科學」、「學術」、「文學」等為名祕密從事革命活動，如科學補習所表面上說是以「研究科學」為宗旨，實際上是「以心記之宗旨『革命排滿』四字為主」；數學研究會名義是研討數學，實為搜集財政經濟資料，調查湖北一年收入數字，及錢票和物資儲存多少，以備掌握政權時財政方面所需要。

湖北革命黨人不競聲華的實幹精神，長期艱苦卓絕的宣傳和組織工作，為反清武裝起義積蓄了較雄厚的力量，進行了較充分的準備。孫中山曾這樣說過：「譬如就武昌起義說，表面上雖然是軍事奮鬥的成功，但當時在武昌的軍隊是清朝訓練的，不是本黨訓練的，因為沒有起義之前，他們受過了我們的宣傳，明白了我們的主義，才為主義去革命……一經發起，便馬到成功。」

六、愈挫愈奮的堅韌精神

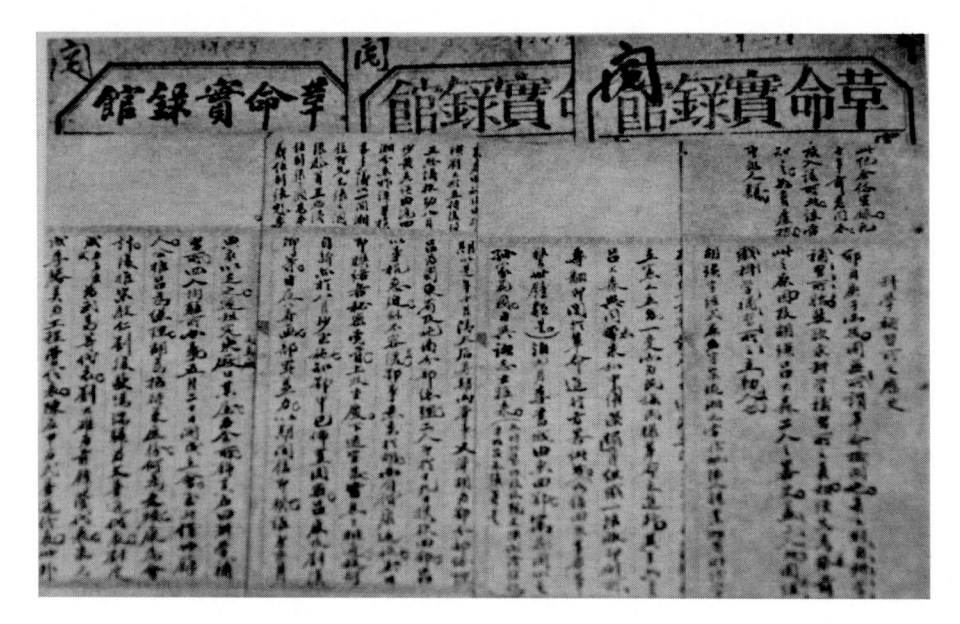

1904年6月，呂大森、胡瑛、張難先等發起成立湖北第一個革命團體——科學補習所。這是1912年湖北革命實錄館檔案所載《科學補習所之歷史》。

　　湖北革命黨人在組建革命團體發展革命事業的過程中，歷經艱難險阻，不懼挫折失敗，百折不撓，體現了愈挫愈奮的堅韌精神。

　　1900年8月唐才常等組織的自立軍在漢口起義失敗，被湖廣總督張之洞殘殺了百餘人。曾加自立軍起義的吳祿貞，從日本士官學校畢業回國後，於1903年5月在武昌花園山祕密聚會，從事反清革命思想宣傳和派遣知識青年潛入新軍活動。「各省志士之武昌者，莫不赴花園山接洽，而各同志之在營校者，亦每星期來報告運動經過，及其發展之狀況。」花園山聚會被清方偵破解體後，1904年7月，呂大森等在武昌成立「科學補習所」，對外號稱是文化補習學校，「集合省同志取長補短，以期知識發達無不完全」，實則以「革命排滿」為宗旨。科學補習所存在僅四五個月即被官方查封，繼之而起的是日知會。日知會原為美國基督教中華聖公會在武昌附

近的一個閱報室的名稱，在劉靜庵等人的努力下，逐漸發展成為一個新的革命團體，1906年2月日知會正式成立。當時華興會已敗散，光復會重點在海外，日知會為中國大陸唯一之革命團體。1907年1月13日，日知會謀劃回應萍瀏醴起義，被郭堯階出賣。清湖北當局搜捕日知會會員，劉靜庵等9人被捕，梁耀漢等12人逃亡，史稱「日知會丙午之獄」。經此打擊，日知會組織瓦解，但許多成員散布在各地，繼續從事革命活動，「或為文學上之鼓吹，或往來奔走海內外，或投身行伍」。1938年7月，日知會丙午之獄同仁張難先、殷子衡等曾立碑於日知會舊址以示紀念，碑文中寫道：「吾黨不以此稍挫其志，立會結社，賡續不絕，浸淫漫衍，推而彌廣，其蒂愈固。」湖北革命黨人總結了日知會的教訓，並針對同盟會在南方邊陲地區「屢起屢蹶，不關清廷要害」的狀況，決心在長江腹地組織力量，用鐵和血發展革命運動。就在日知會遭破壞的前後，一些有志之士競相組織團體，接納同志，湖北地區各種大大小小革命團體群學社、黃岡軍學界講習社、鳩譯書社、天錫會、鐵血軍、安郡公益社、神州學社、蘄春學社、集聖學社、輔仁會、忠漢團、自治團、將校研究團、種族研究會、軍隊同盟、湖北軍隊同盟會、群治學社、振武學社、蘭友社、益知社、競存社、義譜社、德育會、武德自治社、振團尊心會、黃漢光復黨、數學研究會、群英會、柳營詩社、共和會等30個，「如雨後春筍，爆發於滿山之間」。後來這些團體經過分化、組合，演變成為兩大革命組織：一個是文學社，由湖北軍隊同盟會、群治學社、振武學社、益智社、神州學社、武學研究會等團體聯合組建，成員主要來自新軍士兵和少數學界人士，負責人是蔣翊武，其宗旨「推翻清朝專制，反對康、梁的保皇政策，擁護孫文的革命主張」；另一個是共進會，由東京同盟會派生出來，又合併了德育會、忠漢團、自治團、將校研究團、競存社等組織，成員主要來自軍界、學界和會黨，負責人是孫武，其宗旨為同盟會綱領「驅除韃虜，恢復中華，創立民國，平

均地權」（唯將「平均地權」改為「平均人權」），宣告同盟會總理為總理。

武昌候補街高家巷日知會舊址

從湖北革命組織發展的過程來看，可以說是發軔於武昌花園山

聚會，再接於科學補習所、日知會等團體，而由文學社、共進會收其成，組織日趨健全。湖北的革命團體此伏彼起，從未間斷。常常是一個組織暴露或被偵破，另一個新的組織隨即產生；一批領導人被捕或被迫出走，新的領導人又勇敢地接過重擔。其間雖經歷了不少挫折，可謂「茹苦含辛，幾經蹉跌」，但「湖北黨人都具有百折不回志氣」。

還要指出的是，湖北革命黨人建立革命組織展開活動，是以孫中山為領袖、以同盟會為主要組織的全國反清革命運動的一個有機組成部分。上述這些組織，「皆以崇奉孫先生之三民主義，推翻清朝專制，建立中華民國為唯一宗旨」，對孫中山無一不是景仰。孫中山「站出世間來就是革命，失敗了還是革命」愈挫愈奮的精神，不能不說對湖北革命黨人產生影響。

七、革命奉獻的犧牲精神

在辛亥首義中，不少湖北革命黨人鄙視功名富貴，放棄舒適安逸的生活，投身革命，長年在新軍下層、會黨群中活動，歷經艱辛。當革命需要獻金時，他們典賣全部私產，乃至脫下最後一件衣裳；當革命需要獻身時，他們義無反顧，犧牲生命，大義凜然。這種革命奉獻的犧牲精神令人景仰。

捨小家，為大家，節衣縮食，變賣家產，解決革命活動的經費。同盟會領導和發動的歷次起義，經費主要靠從海外華僑募集。湖北革命黨人因與海外華僑聯繫較少，經費只有靠自力更生來解決。如1904年科學補習所成立時，沒有經費，由呂大森捐50元，不給則典衣以足之，吳祿貞也捐銀數十兩作該所的經費。文學社為解決活動經費，社章明文規定：「本社社員繳入社金一元，每月按月薪繳納月捐十分之一。」文學社參加者多為士兵，每月薪餉最多

的只有紋銀4兩8錢，可以說是勒緊褲帶為革命。鄧玉麟、孫武、焦達峰等人，他們「衣服典盡，終日枵腹，至求一麵包果腹不能得」，三人「僅一衣掩體，長衫則公共互著而出，汗衫則寢後脫下，尼孫君武夫人夜為漿洗，日出晒乾，始能起著而出」。還有許多人為籌集革命活動經費，變賣家產。鄂城人呂丹書，將家中薄田數畝全部賣出，以備革命黨人的聯絡經費；共進會會長劉公，把家裡付給他去買官的銀票10000元捐獻出來，供作起義經費；河南信陽人劉化歐，把出售土地所得銀兩購買槍支，以作起義之用；瀏陽商人劉賢構販布匹到漢口，受革命宣傳加入共進會，將所販布匹全數作為革命經費；湖北羅田人張振武，武昌起義前夕，出賣其原籍羅田和現籍竹山的祖產以充軍備；湖北京山人劉英，以家中數十萬資金開設商鋪，既作祕密機關，又為革命活動提供經費。類似這樣捐資籌款的事例不勝枚舉。

如果說革命黨人傾家蕩產為革命捐資籌款的精神難能可貴，那麼為革命勇於獻身的精神更值得敬佩。武昌起義前夕，彭楚藩、劉復基、楊洪勝三人不幸被捕英勇就義。在受審臨刑前，彭楚藩歷數清朝腐敗無能：「亡國滅種之禍，迫於眉睫，革命救國之大義，自己懷抱犧牲之志願，慷慨激昂，髮皆盡裂，聲淚俱下，堅銳自承，不肯吐出同志一人。」劉復基念念不忘革命，大呼「同胞們！大家努力」。楊洪勝怒斥「只管殺我，只怕你們也有那一日呢」。在此之前，科學補習所的王漢，係湖北蘄水人，為炸清朝練兵大臣鐵良英勇犧牲，死時才22歲，新婚後才一月。「日知會丙午之獄」時，劉靜庵等9人被捕，劉靜庵在獄中屢受酷刑，敵人用藤條鞭其背，至「血肉橫飛，肉盡骨見」，始終堅貞不屈，死於獄中。

溫朝鐘領導「鐵血英雄會」，在鄂川交界處黔江一帶發動起義，遭川湘黔鄂四省清軍圍剿，因寡不敵眾而失敗。溫朝鐘犧牲時，官軍分裂其體，川軍得其頭，鄂、湘、黔軍分得其手足。武昌起義後，為了起義的勝利和保衛勝利的果實，許多革命黨人前仆後

繼，拋頭顱，灑熱血，獻出了自己寶貴的生命。如10月10日夜起義軍占領楚望台後，蔡濟民等率軍分數路屢攻總督衙門不下，熊秉坤乃挑選40名敢死隊奮勇直前，多名敢死隊員在戰鬥中壯烈犧牲，總督衙門得以攻下。12日武漢三鎮光復後，湖北新軍幾乎全部起義，只有輜重八營隨張彪逃駐漢口劉家廟負隅頑抗。革命志士蕭國寶、姚斌、熊世藩、李國梁等四人，不計個人生死，潛入輜重八營曉以民族大義，勸大家反正。輜重八營管帶蕭安國頑固不化，將姚斌、熊世藩二人殺害，蕭國寶身中7槍佯死倒地，得以獲救，李國梁因未剪辮才免於一死。在漢口和漢陽的保衛戰中，犧牲者萬人以上，許多人都死得英勇壯烈。工程營士兵馬榮，「率敢死隊與敵肉搏，突破虜陣數次，殺傷過半。卒以寡不敵眾，為清軍圍數匝戰死」。測繪學堂學生甘績熙，血戰四晝夜，僅得食三次，受傷後被人強行送往醫院治療，在病床上還大聲喊殺，在得知漢陽危急時，帶病重返前線，率領敢死隊奪回磨子、扁擔兩山，血流滿面。《大漢報》主筆胡石庵對甘績熙的英勇戰鬥精神十分敬佩，在《甘侯行》一文中讚歎道：「黑雲壓天黑風吼，百八健兒銜枚走；雄獅一奮萬怪逃，笑把芙蓉握兩手。如斯壯別問誰能，偉哉甘侯名穆卿！」還有留日士官生蕭鐘英，於漢陽失守之後仍自組敢死隊若干人，赴漢陽收復失地，蕭鐘英和他的同伴無一人生還。像這樣英勇獻身的事蹟舉不勝舉。正是這成千上萬革命志士的英勇獻身，才換來民主共和國的建立。

彭劉楊三烈士就義處

劉靜庵像

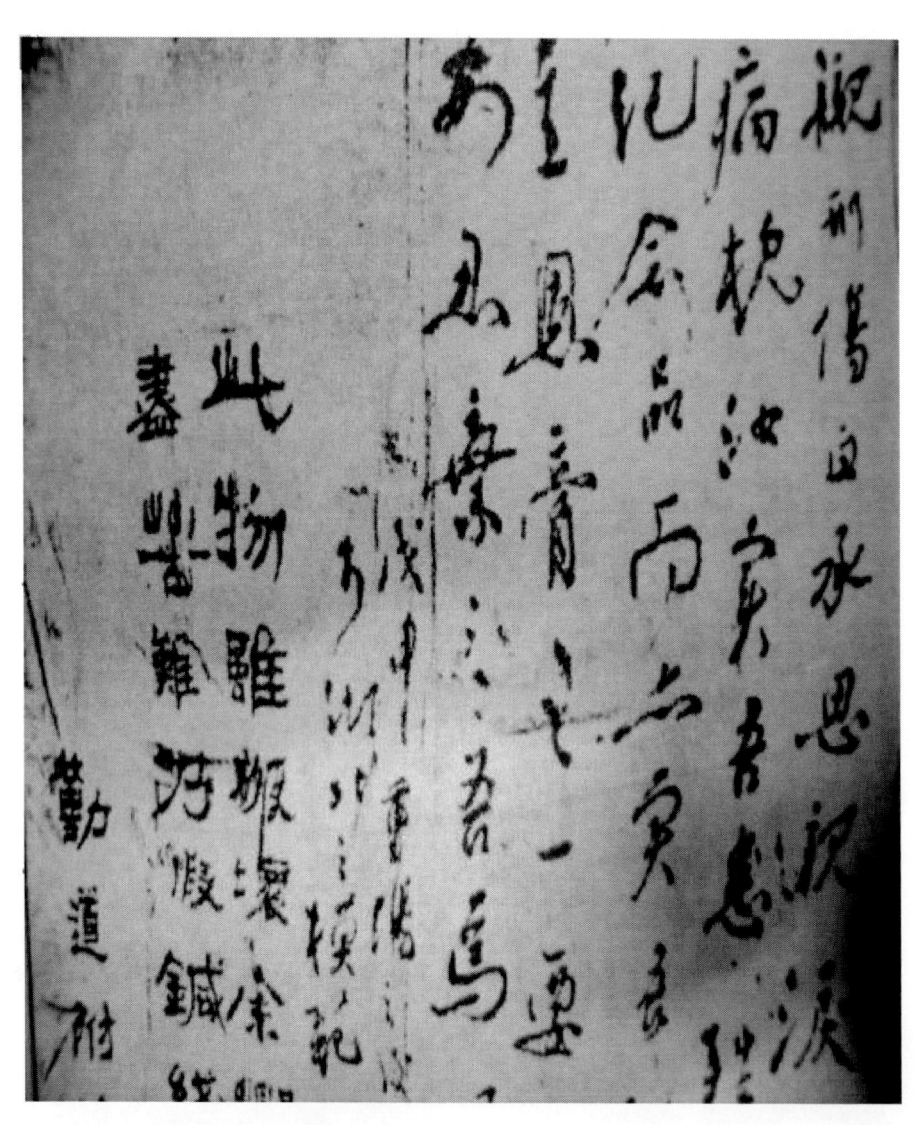

劉靜庵墊背傷用的方巾

第二章　辛亥首義精神的鮮明特質

辛亥首義精神不僅具有上述豐富的內涵，而且有著鮮明的特質。這些鮮明的特質，既是辛亥首義精神核心和本質的體現，也是辛亥首義精神的力量泉源和不竭動力。

一、救亡圖存，振興中華

自1840年鴉片戰爭以來，中國歷經一次又一次帝國主義列強的侵略與掠奪，被迫簽訂了一個又一個不平等條約，割地賠款，開放口岸，國土大片淪喪，主權旁落殆盡。1894年甲午中日戰爭，特別是1900年八國聯軍侵華戰爭以後，中國半殖民地半封建社會程度進一步加深。面對列強的侵略，中國人民進行了英勇頑強、前仆後繼的反抗。帝國主義者不得不承認，中華民族是不甘屈服的，是不會讓人宰割的。如果強行瓜分中國，不但不能實現，反而只能激起中國人民永無休止的反抗，「瓜分之說，不啻夢囈」。與此同時，帝國主義的相互爭奪，不可避免地引發分贓的內訌。在這樣的情況下，帝國主義列強實施「滅國新法」──由瓜分到「保全」。即採取「以華治華」的策略，「扶植滿洲政府，使其代我行令，壓制其民。民有起而抗者，則不能得義兵排外之名，而可以叛上之名誅之。我因得坐以收其利，此即無形瓜分之手段也」。腐敗無能的清政府，「量中華之物力，結與國之歡心」，已成為「洋人的朝廷」和其奴役中國人民的工具。面對外患內憂，民族危亡，國家積貧積弱，人民在水深火熱之中掙扎，孫中山創立了中國第一個

資產階級革命團體──興中會，大聲疾呼，「亟拯斯民於水火，切扶大廈之將傾」，第一個發出了「振興中華」的吶喊。正是在這樣的歷史背景下，辛亥革命醞釀於19世紀與20世紀相交的年代。救亡圖存，振興中華，成為了辛亥革命的主要目的之一，也成為了辛亥首義精神的鮮明特質之一。

  1.「危哉中國」的憂患

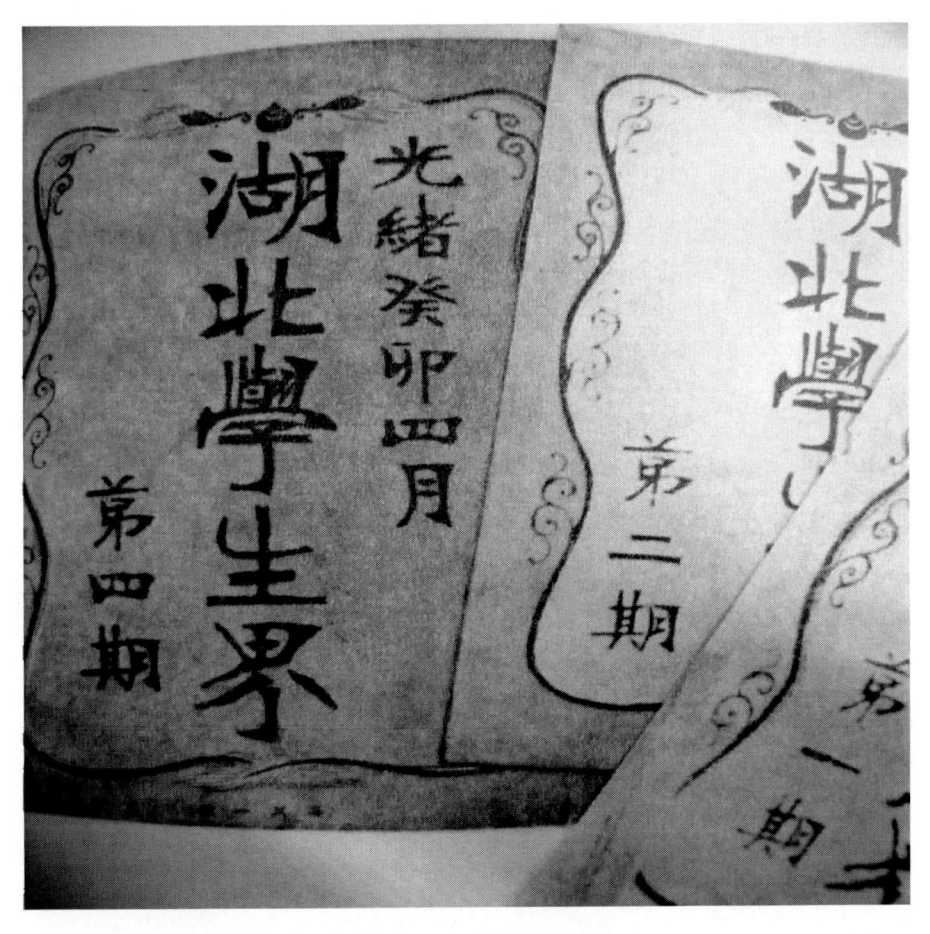

湖北留學生1903年創刊的《湖北學生界》

「生於憂患，死於安樂」，「天下興亡，匹夫有責」，作為有著強烈時代使命感和社會責任感的憂患意識，是中華民族的光榮傳統。近代以來，為挽救民族和國家的危亡，這種憂患意識在那些憂國憂民而又銳意革新的有識之士中更凸顯出來。就湖北來說，1903年1月29日，《湖北學生界》創刊號刊發張繼煦《敘論》一文指出：「鷹瞵虎視者數強國，四顧皇皇，無所用其武，於是風飆電激，席捲而東，集矢於太平洋。亞洲識微之士，莫不深臏蹙額，驚走相告曰：危哉中國，其為各國競爭中心點也。」同年2月27日，

《湖北學生界》第2期刊發李書城《學生之競爭》一文，再一次指出中國所面臨的內憂外患：「今日之世界，非競爭風潮最劇烈之世界哉？今日之中國，非世界競爭風潮最劇烈之漩渦哉？俄虎、英豹、德熊、法貔、美狼、日豺，眈眈逐逐，露爪張牙，環伺於四千餘年病獅之旁。割要地，租軍港，以扼其咽喉；開礦山，築鐵路，以斷其筋絡；借債索款，推廣工商，以朘其膏血；開放門戶，劃勢力圈，搏肥而食，無所顧忌。官吏黜陟，聽其指使，政府機關，使司轉捩。嗚呼！望中國之前途，如風前燭、水中泡耳，幾何不隨十九世紀之影以俱逝也。」這些話深刻揭示了帝國主義列強的侵略給中國造成的深重危機和清政府的奴顏婢膝，如警鐘長鳴，振聾發聵，迴響在人們的耳邊。

他們的憂患絕不是悲觀的憂患，而是在正視現實的同時，對中國前途充滿著希望，懷有強烈的救亡圖存、振興中華的使命感和責任感。他們指出，歐美列強「如貪狼餓虎，四出搜索，不顧天理，不依公法，而唯以強權競爭為獨一無二之目的，殺人如草不聞聲」，除了使用赤裸裸的軍事手段危害中國外，還以劃分勢力範圍、謀取特別利益的方式來「奪我主權，灰我民氣」。他們不斷地提醒國人：「無形之瓜分，更慘於有形之瓜分，而外人遂亡我四萬萬同胞於此保全領土、門戶開放政策之下」。他們呼喚道：「中國醒！中國醒！我中華大國，外人要瓜分了！我們同胞又要做雙重亡國奴了！」要必去「依賴官吏」和「奴隸外人」之「根性」，「必決死以爭自存，非可僥倖以圖苟免」。他們認為，「苟非具有武健果毅之氣概，偉大磅礴之精神，愷切誠摯之肝膽，明敏活潑之腦漿者，不能使中國之國旗，仍翻飛於二十世紀競爭之大活動場也」。中國存亡關鍵在今日，「此時不自振作，冀幸各國連雞互棲，莫敢發難，圖苟延數年之安，豈可得耶？……禍患之來，間不容髮，無今日則無將來，諉無可諉，避無可避矣。頡得民謂犧牲現在，以利將來，其在此時乎？」倘不急起直追，則危亡懸於眉睫！他們身體

力行,「以為空言無補於實事,固專以運動為唯一之革命工作」,深入到新軍下層和會黨群眾中活動,做「促睡獅之猛醒」的鼓動工作,腳踏實地,勇於奉獻。「《猛回頭》、《警世鐘》諸書大受兵士之歡迎,輸散入營,殆過三萬份,兵士中間,有能背誦者。」他們以其「志士不忘在溝壑」,「勇士不忘喪其元」,「苟利國家,不求富貴」的精神,實踐著「危哉中國」的憂患。

2.「革命排滿」的張揚

湖北革命黨人在救亡圖存、振興中華中,高舉孫中山「三民主義」的旗幟,尤其是對「革命排滿」的張揚。還在1903年的時候,祖籍湖北的留日學生馬君武在東京新年懇親會上,進行了「革命排滿」的演講;湖北籍留日學生劉成禺在《湖北學生界》上,發表了這方面內容的文章。湖北的各個革命團體,「皆以崇奉孫先生之三民主義,推翻清朝專制,建立中華民國為唯一宗旨」。湖北革命黨人「以心記之宗旨『革命排滿』四字為主」,在民族和民權主義的宣傳方面,「尤其注重『驅除韃虜』四字」。

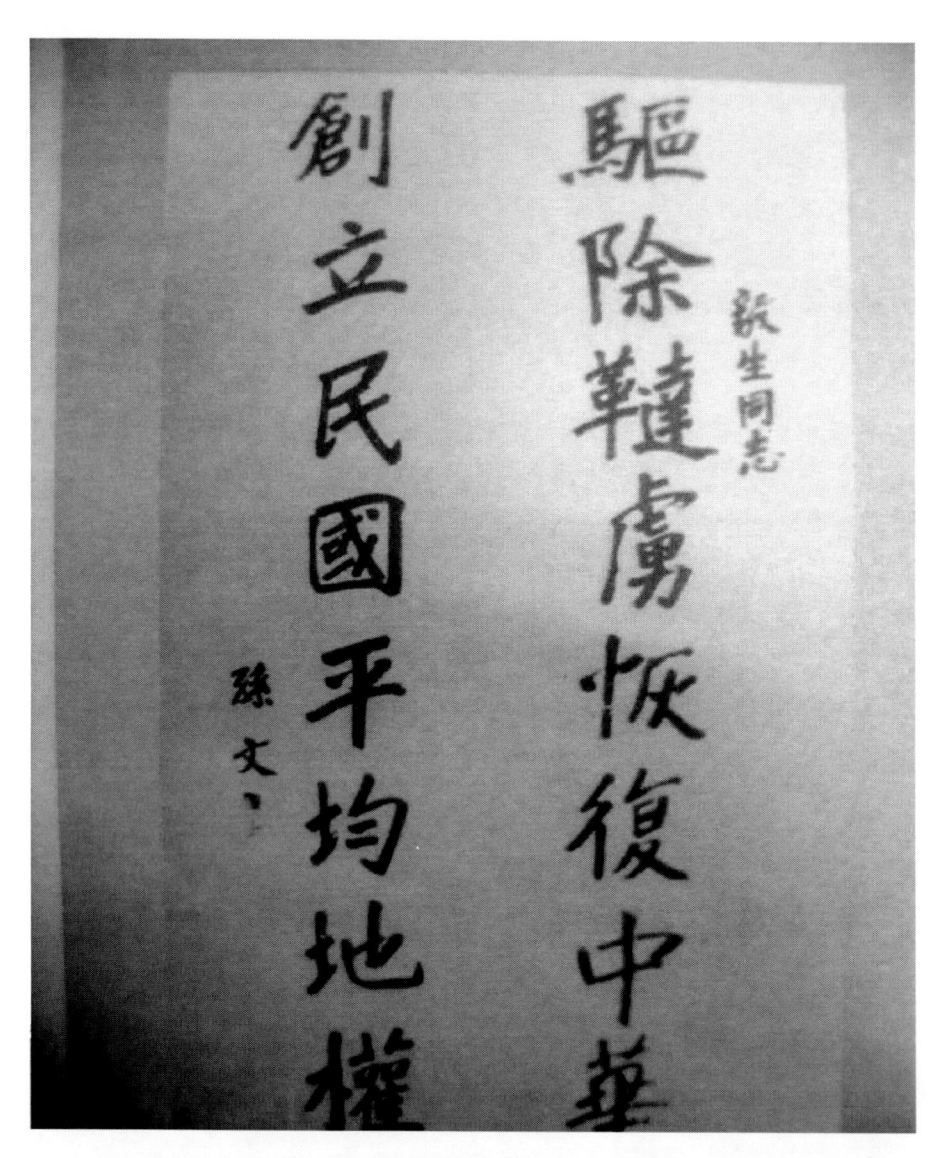

1905年8月20日，中國同盟會舉行成立大會，確定孫中山提出的「驅除韃虜、恢復中華、創立民國、平均地權」為同盟會政綱。圖為孫中山手書。

如文學社的「宗旨仍係反清救國」，共進會宣言在歷數清朝統治者是洋人的走狗和殘酷壓迫之後，明確指出滿清政府「拿我們給

洋人做三層奴隸」；「他還要吃著穿著我們的哩！有時享受得不安分，他還要生許多事情欺虐我們。又放些貪官污吏，替他來收厘徵稅，……或者加一個罪名，還要斷送我們的性命」；「我們若不早點把這滿人打開，再過幾年，就會把我們的中國，和盤送給洋人。」革命黨人是把滿清政府作為一個禍國殃民、極端暴虐的封建專制主義的化身來反對的。當時湖北軍政和財經大權完全掌握在滿族官僚瑞澂、鐵忠、連甲等人手裡，他們殘酷暴虐，人民恨之入骨。革命黨人利用「革命排滿」這個口號，迅速團聚了一支相當強大的反抗隊伍。

「革命排滿」是鼓舞人心的一個戰鬥口號，以武昌首義為標誌的辛亥革命，正是在「革命排滿」口號響徹雲霄的氛圍下勝利前進的。我們知道，包括辛亥革命在內的近代中國的民族運動，是一種兼具民族獨立和社會革新雙重目標的混合型運動。「革命排滿」從實質上可以說是集反帝、反封建、反君主專制主義和建立民主共和國家四位一體。

其一，近代中國民族運動的一大特點，是始終與反對帝國主義及其走狗的鬥爭緊密相連。中國在遭受帝國主義侵略喪失主權的同時，帝國主義又以封建主義作為社會基礎，實行殖民主義的統治。作為帝國主義走狗的清朝政府，對外出賣民族權益，對內實行民族壓迫，清朝政府成為了當時中國尖銳的民族矛盾和階級矛盾的集中點。因而近代中國的民族運動不能不首先把「革命排滿」作為自己最為迫切的戰鬥任務和動員口號。如不「革命排滿」，就不能獲得民族獨立和解放，就不足言反帝和反封建。這也正是孫中山首先揭櫫「民族革命」旗幟的原因所在。

其二，「革命排滿」從一開始便與建立資產階級共和國的奮鬥目標聯結在一起，這從興中會、同盟會的政治綱領和孫中山的三民主義中都不難看出。孫中山曾明確宣告：「我們推翻滿洲政府，從

驅除滿人那一面說，是民族革命，從顛覆君主政體那一面說，是政治革命，並不是把它分作兩次去做。講到那政治革命的結果，是建立民主立憲政體。照現在這樣的政治論起來，就算漢人為君主，也不能不革命。」「革命排滿」，就是掃除民族資本主義前進道路上的最大障礙，就是為了「建立最能滿足現代資本主義這些要求的民族國家」。因而「革命排滿」也成為民主革命的當務之急。如不「革命排滿」，就難以反君主專制主義，難以「建民族之國家，立共和之憲章」。這也正是孫中山舉起了「政治革命」的旗幟，把推翻清政府作為實現民權主義的主要內容之一。

「革命排滿」是推翻包括滿漢封建官吏在內清朝政府，「排滿洲者，排其皇室也，排其官吏也。排其士卒也」，而絕不是籠統地反對一切滿人。它與「反清復明」有著本質的區別，表明人民的反抗鬥爭已經從舊式的農民戰爭進入到資產階級革命的新階段。「革命排滿」成為以「民族主義」喚起和凝聚國人、救亡圖存、振興中華的一種精神動力。當時「民族主義」既可動員民眾外禦列強、內抗清朝，又可團結民眾「合同種異種，以建一民族的國家」。在革命黨人看來，欲使中國屹立於激烈競爭之世界，必須把中國四萬萬人合為一大群體，「而欲合大群，必有可以統一大群之主義，使臨事無渙散之憂，事成有可久之事。吾向欲覓一主義而不可得，今則得一最宜於吾國人性質之主義焉。無他，即所謂民族主義是也」。若「再不以民族主義提倡於吾中國，則吾中國乃真亡矣」。正是如此，在「革命排滿」的號召和宣傳下，辛亥革命推翻了統治中國268年的封建清王朝，把中國延續2000多年的封建君主專制推進到民主共和的新時代，開創了中國歷史的新紀元。民國建立以後，胡漢民曾把「革命排滿」的宣傳認定為「根本之成功」。

誠然，「革命排滿」亦有它的局限性。一是過分把一切民族災難的根源都歸結為清王朝的腐朽統治，沒有認真揭露帝國主義這個最兇狠的主要敵人，因而容易使人們喪失警惕，放鬆反對帝國主義

的鬥爭。二是在很大程度上使種族矛盾掩蓋了階級矛盾,在革命中容易滋長某些極端有害的種族復仇情緒,使人們放鬆了對於漢族地主階級的打擊和戒備。隨著清王朝封建統治的推翻和民國的建立,孫中山在就任臨時大總統時宣布:「國家之本,在於人民。合漢、滿、蒙、回、藏諸地為一國,如合漢、滿、蒙、回、藏諸族為一人,是曰民族之統一。」此後,他在其他一些重要場合也不斷說過類似這樣的話,如「五大民族,一體無猜」,「五族一家」,「如兄如弟」,「漢、滿、蒙、回、藏合為一體」等等。

綜上所述,在帝國主義列強瓜分豆剖、清政府賣國求榮的半殖民地半封建的中國,救亡圖存,振興中華,最能喚起和凝聚人心,當人們心頭的民族解放意識一旦覺醒,就會爆發出無可阻遏的力量。正是這樣,湖北革命黨人「為民族、民權兩大思想而忘身,……鄂人不計死生,哀號於軍隊中,使全軍皆革命黨,人人置生死於度外,此股雄壯之氣,如何可擋」。

二、推翻專制,建立共和

辛亥首義精神,體現了一次劃時代的改革和創新。它所要革除的是延續了幾千年的君主專制制度,所要創立的是全新的資產階級民主共和制度。推翻專制,建立共和,是辛亥首義精神又一鮮明特質。

1.「專制政體」的抨擊

中國的封建君主專制制度一直延續了兩千多年。到了晚清,這種至高無上的皇權,達到了登峰造極,在慈禧垂簾聽政、統治中國近半個世紀裡,「慈禧即清廷、清廷即慈禧」,她獨攬大權,一手遮天,陷中國於半封建半殖民地的痛苦深淵。誠如孫中山所說:「夫中國專制政治之毒,至二百餘年來而滋甚。」對於專制政體的

黑暗，以孫中山為首的革命派進行了有力地揭露與抨擊。孫中山旗幟鮮明地指出，「中國數千年來，都是君主專制政體，這種政體，不是平等自由的國民所堪受的」，必須徹底變革。創立一個「平等」的、「民治」的、「國民」的共和國，是孫中山的不懈追求和努力。一些有識之士亦指出，「天下之政體，莫毒於專制；天下之苦，莫慘於專制政體之壓制」，把專制政體視為國民的公敵。就連一些國粹派對照中國「專制之黑暗」與泰西「共和立憲之文明」，指出兩者「相形之下，優劣之勝敗立見」，「夫欲撥亂而反諸正，其道必自掊專制而立共制始」。資產階級革命派翻譯介紹了盧梭的《民權論》、孟德斯鳩的《論法的精神》及《美國獨立宣言》、《法國革命史》等西方資產階級民主政治學說和記述西方民主革命的歷史的著作，以之為思想武器，批判了封建君主專制制度，熱情地謳歌革命，號召人民推翻清王朝的封建獨裁統治。運用資產階級天賦人權的理論，對封建專制皇權進行批判。鄒容在《革命軍》中指出：「自格致學日明，而天予神授為皇權之邪說可滅；自世界文明日開，專制政體一人庵有天下之制可倒」，宣布專制政體為革命對象，「人人皆得有天賦人權之權利可享」。與此同時，革命派對封建倫理道德思想亦進行了批判，宣傳君臣平等、父子平等、夫婦平等、男女平等的思想。

　　從湖北來看，具有革命思想和民主共和理念的先進人士認為，「民為國之主人，君為國之公僕」，「人人有參議之權，人人有被選議員之責」。君主專制制度「以大地為一家之私產，以人民為一家之奴隸，以人權為一人所獨有，以主權為一人之財產」，「束縛國民之言論，鉗制國民之舉動」，「取人民之賦稅而不予以相等之利益，直以四萬萬人之血肉為香花美餌」。在專制政體下，民眾「相率而輾轉橫死於刀鋸鼎俎之下」。黃侃在《民報》上的《哀貧民》一文，詳細地描寫了鄂東家鄉「山澤之農」的困苦。「民田之貸諸人者，十家而九」，「佃戶見於田主，戰慄憂苦，若見南面之

君」；多數農民「貧而不能娶；其有婦，大抵童而娶之。至困亟，或生鬻諸人。……鄉人生女，甫娩未啼，即扼而斃之」；終年缺衣少食，「羹不鹽，灶無薪，宵無燈火、冬夜無衾」。發出了「民生之窮，未有甚於中國之今日也」的吶喊。當清政府假立憲之名行集權專制之即時，他們揭露說：「一方曰國家預備立憲，一方曰國民程度不及；一方為庶政公諸輿論、士民應准陳言，一方為禁止集會言論，毋許干預政治。」中國政治運作仍然是「君主壅蔽於上，民庶壓伏於下」。他們還從民主、平等的角度，對傳統的民本思想進行了發展。傳統的民本思想雖提倡重民，視民為國基，即所謂「民為邦本，本固邦寧」，但人民群眾是處於接受施捨的被動地位，民本思想常常是作為君主專制主義一種補充而作用於社會的。他們認識到人民群眾身負的種種苦難，只有靠自己來解除。主張人民群眾應成為理想社會的主人。他們說：「昊穹生民，心智官骸，何有區別？」「故論主權之所在，則馬傭、估保、婦孺、僕隸皆有國之一分」，社會有「個人自治之人權」和「合群共治之人權」，「人人皆治者，人人皆被治者」。

2.「民主共和」的踐行

湖北軍政府二樓走廊，兩側為各部機關辦公室。

　　辛亥武昌首義，就是要廢除君主，推翻專制，建立共和。正是如此，革命黨人「捨得一身剮，敢把皇帝拉下馬」，一舉搗毀了封建清王朝在兩湖的反動統治中心——武昌總督署。起義勝利後，

革命黨人創建了第一個新式政府即湖北軍政府，開啟了共和國之先聲，給封建清王朝和兩千多年君主專制的覆滅以及南京臨時政府的建立創造了歷史前提。與此同時，在湖北軍政府發布的一系列文告中，都明確宣告「以共和政體建設民國為宗旨」。

　　革命黨人在政權組織上，建立了湖北軍政府，分設軍令、參謀、軍務、內務、外交、理財、交通、司法、編輯等九部各司，主持實施方方面面的民主決策，凡重大事情決定都經過領導人員的集體商議，體現了量才錄用和民主的現代政府組織原則。變更地方行政體制，宣布「將全鄂地方改為共和政體」；在政治上，控訴清王朝封建統治的罪行，宣傳建立共和的主張。發布的《中華民國軍政府鄂軍都督黎布告》，指出首義是「共圖光復事業」，「建立中華民國」。發布的《中華民國軍政府布告全國文》，揭露清政府「假立憲之名」，「行集權專制之實」。發布的《黎都督宣布滿清政府罪狀檄》，列舉了滿清政府的八大罪狀；在法制上，制定、頒布了《中華民國鄂州臨時約法草案》，這是廢除君主、推翻專制、建立共和的第一部法典，是中國歷史上第一部實施法治而不是人治的具有憲法性質的約法。《鄂州約法》共七章六十條，以向全國各族人民乃至全世界昭示中國不再允許任何人以帝王身分臨居天下，奴役民族和人民，而是以民主共和政體管理國家，辦理外交為指導思想。如第一章講土地權歸屬問題。亙古至辛亥革命之前，赤縣也罷，神州也罷，四海之內也罷，泱泱古大國，完全是帝王一人之天下，所謂「普天之下，莫非王土；率土之濱，莫非王臣。」《鄂州約法》規定，「中華鄂州人民以已取得之鄂州土地為境域，組織鄂政府統治之」，「將來取得之土地，在鄂州域內者，同受鄂州政府之統治，若在他州域內，亦暫受鄂州政府之統治，俟中華民國成立時另定區劃」。第二章講人民的權利和義務。在君主封建統治時期，人民在國家的政治生活中，順之則存，頌之則昌，逆之則亡，只准州官放火，不准百姓點燈，不允許有任何逆反思想、逆反心

理，更不允許有任何逆反行動。誰敢逆朝廷而動，輕則遭殺身之禍，重則株連九族。《鄂州約法》規定「人民一律平等；自由言論著作刊行並集會結社；自由通訊不得侵其祕密；自由信教；自由居住遷徙；自由保有財產；自由營業；自由保有身體，非依法律所定，不得逮捕審問處罰；自由保有家宅，非依法律，不得侵入搜索；人民得訴訟於法司，求其審判，其對於行政官署所為違法損害權利之行為，則訴訟於行政審判院；人民有應任官考試之權；人民有選舉投票及被投票選舉之權等。」所述人民自由權利達14種之多。

湖北軍政府發布檄文，宣布清政府罪狀，號召全國人民起義響應，推翻專制制度，建立共和民國。

此外，革命黨人在籌備、組織武裝起義過程中，一反君主專制、獨攬大權的做法。他們根據「民主、平等的原則」，提倡和踐行「籌商大舉」、「少數應該服從多數」、「會議討論決定問題」，會後革命黨人按照會議決定分頭行動。起義勝利後，軍政府謀略處改革了官兵間的經濟待遇，規定軍政府自都督以下職員及各軍官每月月薪20元，兵士10元，頭目12元，從經濟待遇上縮小官

兵間的距離。頒布了《嚴厲法令》，強調官兵在紀律面前人人平等，「軍隊中上自都督，下至兵夫均一律守紀律，違者斬」。以此改變封建的等級森嚴，嘗試民主平等地建設革命隊伍。當時社會上還流行著不許喊「老爺」、不許喊「大人」等新風氣。據說革命黨人李亞東初任漢陽府知事，坐著四人抬的綠呢大轎，前呼後擁，鳴金開道來武昌。都督府的衛兵看他還擺這樣大的臭架子，喝令要他下轎，罵他是清朝怪物。嚇得李亞東驚愧交加、面色如土。

　　以上所述，從一個方面說明辛亥首義精神所體現的一次劃時代的改革和創新。回顧中國歷史上的革命，無論是貴族奪權改朝換代，還是農民起義推翻舊制，這些歷史的革命都有革故鼎新的內容，在歷史的前進上都有某種貢獻，但是中國歷史上歷次的革命並沒有改變中國封建君主專制的國體、政體，並沒有改變中國的社會形態。唯有辛亥首義使國體、政體發生變更。與推翻封建君主專制互為表裡，就是建立民主共和政體，把人類文明在政治制度建設上最新最高的成就高高張揚，而且付諸實踐。辛亥首義這一破舊與立新，堪稱歷史性的首創之舉，是前無古人的歷史業績，是辛亥首義不同於中國歷史上多次革命的一個嶄新意義之所在。與此同時，推翻幾千年因襲下來的專制政體是多麼不易的一件事。多少年來，至高無上的君權一直是封建主義的集中象徵，把它看成萬古不變的天經地義。誰要是敢有一點懷疑，輕則叫做「離經叛道」、「非聖無法」，重則成了「亂臣賊子，人人得而誅之」。誰要是想「把皇帝拉下馬」，那就得有「捨得一身剮」的大無畏氣概，一般人是連想都不敢想的，辛亥革命志士做到了。以辛亥武昌起義為標誌的辛亥革命，把「皇帝拉下馬」了，把統治中國幾千年的君主專制制度推翻了，可謂是「把天捅了個大窟窿」。它使中國人民在思想上得到了一次大解放，既然皇帝至高無上、神聖不可侵犯的地位都可以被推翻，那麼還有什麼陳腐的東西不可以懷疑、不可以打破？從此，「過去專制主義是正統，神聖不可侵犯，侵犯了就要殺頭。現在民

主主義成了正統，同樣取得了神聖不可侵犯的地位，侵犯了這個神聖固然未必就要殺頭，但為人民所拋棄是沒有疑問的」。

三、不甘人後，奮勇爭先

　　湖北革命黨人發動了驚天地、泣鬼神的武昌起義，並一舉獲得成功。這種一鳴驚人、一飛衝天壯舉的驅動力之一，就是湖北革命黨人不甘人後、奮勇爭先的思想意識和實際行動，這是辛亥首義精神的第三個鮮明特質。

　　還在1903年的時候，湖北留日學生鑒於武漢為九省通衢、位於全國的中心點的重要戰略地位，以及「鎖國時代之楚與開通時代之楚異，通商伊始之楚與門戶洞開之楚異。今日之楚，乃因各國競爭之局勢，而重其價值也」的狀況，就明確表示，要把湖北作為湖北學生演其輸入文明的舞台，使湖北成為全國「文明之中心點」，成為「文明最盛最著之地」，從而使吾楚不負天下之望。1904年，科學補習所成立後，準備與湖南華興會一起起義，因湖南方面事洩，遭清軍鎮壓而未果，科學補習所也受到破壞。1905年同盟會成立後，在日本東京討論革命戰略。孫中山主張：各省同志分途在各省運動，首先聯絡軍學界，一俟時機成熟，則命令同時起義。黃興主張：先以廣東為根據地，然後經廣西、湖南、四川出漢南、陝西，以北京為作戰目標。宋教仁主張：先以文字宣傳在北京運動，效葡萄牙革命，在中央起義，成功迅速。以上三人革命戰略之主張，祕密函告武昌日知會徵求意見。

宋教仁像

　　討論會上,吳兆麟說:湖北軍界同情於革命者,占十之六七;軍隊訓練程度較優,而且武漢供給軍隊需用之軍資亦甚多。軍隊最

重要的是彈藥、糧秣、被服。漢陽的兵工廠，彈藥不可勝用也；漢口之大商埠，糧秣不可勝用也；武昌有各大工廠，被服不可勝用也。按兵要地理之關係：以中國形勢，占領揚子江，則可左右南北。況湖北居揚子江中心，即孫子所謂衢地是也，第衢地則交。我日知會所計畫革命戰略，要以湖北為根據地，竭力聯絡揚子江上下游各省同志，待時機一到，則由湖北首義，然後向北進展，以北京為作戰目標。日知會同志都表示贊同吳兆麟的主張。1907年，日知會謀劃回應萍瀏醴起義，被郭堯階出賣而失敗。1908年11月，湖北革命黨人想趁光緒、慈禧相繼死去的機會發動起義，當時在太湖會操的湖北革命黨人楊王鵬對戰友章裕昆等人說：「現在慈禧、光緒死了，真是千載一時的好機會啦！可惜我們沒有力量。」「我主張回去馬上就組織一個團體，把它的槍桿子拿過來，那就不怕推它不翻。」1910年11月，在日本東京的革命黨人集「經世學社」商討回國起兵地點，與會者大都主張在西南邊省，唯湖北楊時傑力主非武昌不可。他列舉了地理、工業、新軍、餉源等為理由，結論是武昌「苟舉兵，當可震動全國，推翻清室；即不然，亦可背城借一，以張吾之聲勢」。以上史實從一個方面說明，湖北革命黨人不甘人後，奮勇爭先，曾多次力主和策劃在武漢發動反清武裝起義。

　　特別要指出的是，1911年10月10日的武昌起義，是湖北革命黨人不甘人後、奮勇爭先的集中體現。按照同盟會的部署，湖北原本是回應黃花崗起義。1911年2月，黃興在致居正的信中說：「吾黨舉事，需先取得海岸交通線，以供輸入武器之便。先欽、廉雖失敗，而廣州大有可為，不久發動。望兄在武漢主持，結合新軍，速起謀回應。」同盟會還派譚人鳳來鄂，與劉公、楊時傑等策劃回應。黃花崗起義失敗後，湖北革命黨人勇挑重擔，由「回應」轉為「首義」，且越感時間緊迫，加快了起義準備的步伐，「時湖北同志猛勇進行，大有一日千里之勢」。這次起義，從策劃醞釀組織的時間來說，如果從1904科學補習所配合湖南華興會起義失敗算

起，準備了七年的時間。臨近起義前，湖北革命團體派楊玉如、居正到上海向宋教仁、譚人鳳彙報情況，並函告在香港的黃興。他們到上海後，在陳其美寓所召開小會研究。中部同盟會同志主張：武昌、南京、上海同時發動。楊玉如代表湖北發言道：「武漢革命時機成熟，大有箭在弦上，一觸即發之勢，不是少數人所能控制得住的。不妨先讓湖北發動，打亂清軍心臟活動，南京、上海繼續響應，使清廷不能集中力量對付一隅，希望中部同盟會速作準備為好。」表示「事成騎虎，欲罷不能」，「勢在必行」。籲請黃興、宋教仁、譚人鳳蒞漢主持大計。黃興在獲悉武昌起義準備的情況後說，武漢「似此人心憤發，倚為主動，實確有把握，誠為不可多得之機會」，「以武昌為中樞，湘粵為後勁，寧、皖、陝、蜀亦同時回應以牽制，大事不難一舉而成也」。

還要指出的是，武昌起義是同盟會領導武裝起義中，策劃最久遠、規模最宏大、戰鬥最激烈、成果最輝煌、影響最深遠的一次。在此之前，同盟會領導的武裝起義大多集中在廣東沿海和西南邊陲地區。之所以如此，其原因之一，選在沿海款項和武器便於輸入。而「長江一帶，吾人不易飛入，往來運輸亦不便，且無可靠之軍隊，固不欲令為主動耳」。1911年7月中部同盟會成立後，雖然把發難地域選在遠離南方沿海地帶的長江，但並未提出長江一帶革命的具體方案，武漢是否應該成為首義之區，亦未得出明確判斷。在這樣的情況下，湖北革命黨人一方面服從同盟會的領導，一方面卻不等待、不依賴，而是積極主動謀劃起義，進行扎實細緻的革命發動的準備工作。他們「不願甘居人下，故欲獨樹一幟」，決心在湖北幹出一番事業來，給世人看看。1910年夏，楊時傑從東京回到武昌對楊玉如說：「革命潮流，一日千里，進步甚速，中國革命似有成功的希望。但這幾年孫總理、黃克強等專在沿海幾省，靠幾處會黨，攜少數器械，東突西擊，總是難達到目的。我們長江的黨人都想從腹地著手。尤其是我們湖北人，就想在我們湖北幹起來，

……我們這次自告奮勇，總要做點事業給孫、黃看看。」黃興在瞭解武昌起義準備情況後曾這樣說道：武漢「各同志尤憤外界之譏評，必欲一申素志，以洗其不名譽之恥」。這裡所說的「素志」，就是湖北革命黨人的不甘人後、奮勇爭先。譚人鳳在評價武昌起義時說：「談革命者，遂每薄視湖北人為不可靠焉。而豈知空前絕後之事功，卒賴武漢一舉而成。」亦是對此的一個印證。

此外，武昌起義因突發事件計畫被打亂而猝然爆發，顯得有些倉促或偶然，但這倉促或偶然中蘊藏著歷史的必然。這就是湖北革命黨人在孫中山的革命思想指引下，經過了長期艱苦卓絕的精心準備，他們不甘人後，奮勇爭先。這也就是說，不管出現什麼情況，武昌起義遲早是要爆發的，而當時「武漢之人心，愈為憤激，轉恐革命爆發之不早者」。這也正如恩格斯所指出：「在歷史的發展中，偶然性起著自己的作用，而它在辨證的思維中，就像在胚胎的發展中一樣包括在必然性之中。」「凡表面上看去是偶然性起作用的地方，其實這種偶然性本身始終是服從於內部隱藏著的規律的。」

湖北革命黨人的不甘人後、奮勇爭先，不僅表現在本省的革命黨人是如此，而且在外省的湖北籍革命黨人也是如此。從武昌起義有關革命志士650人的傳表來看，湖北籍492人，占75.6%。湖北籍革命志士在各省從事過革命活動的有60餘人，占湖北籍在鄂革命志士12.2%，其人數之多，作用之大，當居各省之冠。他們足跡全國10多個省區，在反清武裝起義和各省「易幟獨立」中作出了重要貢獻。如楊秉之率領同志軍在嘉定起義並宣布獨立，鄂軍三十一標入川的蕭韻濤、殷占奎等發動的資州起義，田智諒參與籌畫的重慶起義，溫朝鐘領導的黔江起義，馮特民、馮大樹領導的伊犁起義，劉藝舟率眾以戲劇道具為武器收復登州。以及黃陂人李鏡明、廣濟人梅治逸、武丹書、蕭興漢等參與雲南重九起義，漢川人向壽蔭和日知會著名在逃黨人梁輝漢（後改名梁棟）在四川運動新軍起

義，胡鄂公在天津組建共和會點燃革命的火種等等。

可以這麼說，正是由於湖北革命黨人不甘人後、奮勇爭先的思想意識和實際行動，才有了武昌首義的壯舉和敢為人先的首創精神。正是湖北革命黨人的不甘人後，奮勇爭先，在起義指揮部被破壞、起義領導人不在現場、起義日期多次變更的情況下，革命黨人能夠相率應命，主動回應，高度地發揮了革命首創精神。他們中大多數為不見經傳的「小人物」，但就是他們勇敢地挑起了歷史的重擔，在首義的火光中閃現出高大的雄姿。湖北革命黨人實踐了自己的諾言，在湖北、全國乃至世界的歷史舞台上，演繹了舉世矚目、影響深遠的一幕歷史劇。

第三章　辛亥首義精神在辛亥革命中的展現

　　以武昌起義爆發的辛亥年而命名的辛亥革命,是孫中山領導的具有比較完全意義的資產階級民主革命。這一革命,如果從廣義上說,始於孫中山1894年11月在美國檀香山建立興中會,止於孫中山1917年9月在廣東領導的護法運動,歷時23年。辛亥武昌起義發生在辛亥革命中,辛亥首義精神與辛亥革命精神相互交映,融會貫通。本章論述辛亥首義精神在辛亥革命中的展現,旨在從辛亥革命的歷史角度,進一步闡述辛亥首義精神。

一、投身革命,勇於獻身

　　1911年10月10日辛亥武昌起義爆發前,不少革命黨人為了推翻腐朽賣國的清朝政府,結束封建君主專制制度,建立民主共和國,他們投身革命,摒棄功名利祿,置生死安危度外,拋頭顱,灑熱血,表現出了崇高的革命獻身精神。誠如孫中山所說:「我們從前去革命,不但是自己的性命難保,並且還有抄家滅族的危險。我們從前有那樣的大危險,還能夠去革命,那是什麼緣故呢?就是由於我們富於犧牲的精神。」

　　許多革命者,寧肯放棄舒適的生活,離開溫暖的家庭,拋卻個人的幸福,而樂於選擇一條困苦艱險荊棘叢生的革命之路。這些「熱心革命之士,以離鄉背井,或破產傾家,不惜犧牲一身,以為同胞謀幸福」。如鑑湖女俠、巾幗英雄秋瑾,衝破家庭的阻力和世俗的束縛,拋棄那養尊處優的貴婦生活,離夫別子,變賣首飾,東

渡日本求學。回國後組織反清武裝起義，不幸被捕犧牲。在監獄中她寫下絕筆書：「雖死猶生，犧牲盡我職責，即此永別，風潮取彼頭顱。」實踐了她生前「置吾生命於不顧，死亦吾所不悔也」，「拼將十萬頭顱血，須把乾坤力挽回！」諾言。還如參加黃花崗起義的林覺民，起義前，他給妻子寫了一封感情深摯的絕命書，書中寫道：「我是深深愛你的，我們婚後享受著巨大的幸福，常常祝天下有情人都成眷屬。然而看看我們的祖國，災害、盜賊、貪官污吏的肆虐，帝國主義的侵略，真是『遍地腥雲，滿街狼犬』。幾家太平？正因為我愛你，我才把愛你之心，『助天下人愛其所愛』，『為天下人謀永福』。我死了，我的靈魂依傍著你，你也不必為痛失伴侶而悲傷了。」他預計到此舉「身必死」，抱定了「壯士一去，不復還兮」的決心。但深信「吾輩死事之日，距光復期，必不遠矣」。起義失敗後他不幸被執。面對敵人的刑訊，他「侃侃而談，綜論世界大勢，各國情事」，從容就義。又如參加黃花崗起義的方聲洞，起義前在給家人的絕筆之書說：「夫男兒存世，不能建功立業，以強祖國，使同胞享幸福，雖奮鬥而死，亦大樂也。且為祖國而死，亦義所應爾也。」戰鬥中他「孤身被圍，容無懼色，猶揮彈突擊，計殺弁兵勇等20餘人。背血叉，身中槍，血流遍體而氣不衰，彈盡力絕而死」。再如參加黃花崗起義的余東雄和游壽在絕筆書中寫道：「雖戰剩我繼妹（枚）、東雄二人，或受千槍百劍，手無寸鐵，猶必奮臂殺賊，死而後已。……前赴後繼，方顯吾黨中大有人在，視死如歸，弟之素志但求馬革裹屍以為榮耳。」此外，光復會的領導人之一陶成章，在江浙一帶從事革命活動。為了聯絡會黨，他腰束麻繩，足穿芒鞋，風塵僕僕地往返各地。他曾四次途經杭州，與他的家鄉會稽只一江之隔，但都過門而不入。一次將近除夕，有人勸他回家度歲，他說：「既已身為國奔走，豈尚能以家繫念耶！」

光復會重要成員秋瑾

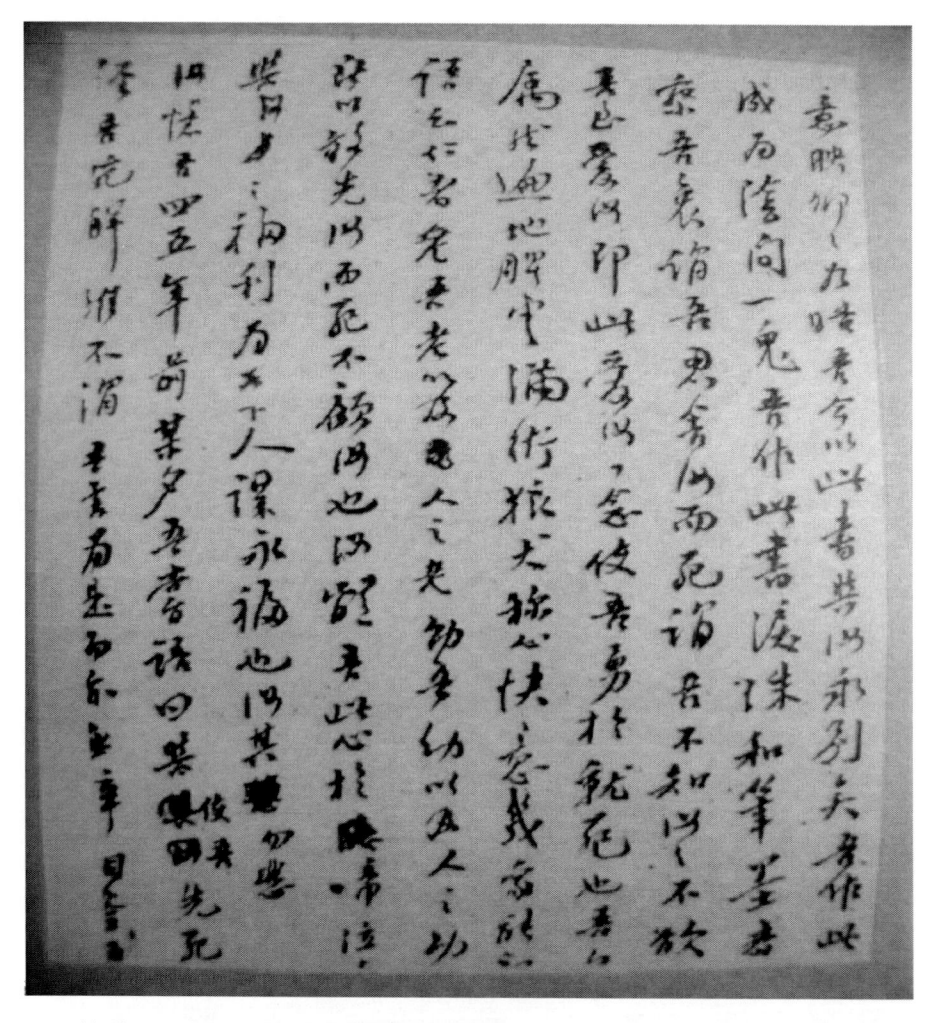

林覺民到廣州後寫給妻子的絕筆信

對於所謂的「功名富貴」，許多人更是視若浮雲。不少人寧願冒著掉腦袋的風險去作專制統治的叛逆，也不肯為了個人的榮華而去當反動政府的幫兇和奴才。「功成名立而身獲殊榮也聽之，功敗名裂而身歸馬革也亦聽之，但挾一堅固不撓之志氣，以求達吾目的而已，而他何所知乎？」如光復會的領導人之一徐錫麟，為了掩護革命活動，打進官府，透過捐錢取得了道員資格，並受巡撫恩銘的

重用,任安徽武備學堂會辦、巡警處會辦兼巡警學堂監督。他並不因貪戀權位而稍變革命初衷,毅然組織安慶起義。在利用學生畢業典禮機會刺殺安徽巡撫恩銘的那一天早晨,他召集巡警學校的學生演講說:「我此次來安慶,專為救國,並非為功名富貴到此,諸位也總要不忘救國二字。」恩銘當場斃命後,徐錫麟率學生攻占軍械所,與前來鎮壓的清軍展開激戰,後被俘慘遭殺害。臨刑前,他神態自若對人說:「功名富貴,非所樂意,今日得此,死亦無憾。」還如黃花崗起義中被捕犧牲的李德山,就義前曾厲聲指斥政府的監斬官說:「大丈夫為國捐軀,份內事也。我豈不能致富貴者,特不能如汝輩認賊作父,不知羞恥耳。」再如參加惠州起義的史堅如,變賣家產購炸藥,掘地道轟炸廣東撫署,謀炸署兩廣總督德壽,不幸被捕。清朝官吏先是誘以「甘言美詞,相待極優禮,欲以言飴得情實,因羅織成大獄」,但他毫不為所動。於是又「以威力相脅恍」,用酷刑逼供,史堅如堅貞不屈,最後被殺害。

　　還有許多革命黨人,置生死安危於不顧,以接受艱巨任務為光榮、以親臨險地為夙願。萍瀏醴起義爆發時,「東京之會員,莫不激昂慷慨,怒髮衝冠,亟思飛渡內地,身臨前敵,與虜拚命。每日到機關部請命投軍者甚眾,稍有緩卻,則多痛哭流涙,以為求死所而不可得,苦莫甚焉。其雄心義憤,良足嘉尚」。如劉道一、寧調元、楊卓霖等,就是聞訊後自動從日本返國,奔赴武裝鬥爭的第一線,最後壯烈地犧牲在清政府的屠刀下的。黃花崗起義時,活動在日本和南洋各地的革命黨人,以及「吳、楚、閩、粵、滇、桂、洛、蜀、越、皖、贛十一省之才士樂赴國難,無所圖利者,相繼來集」。戰鬥打響前,大家爭著參加「選鋒隊」(敢死隊),「其一種為主義而革命之熱烈,實不知利害死生為何事也」。如朱執信本來有別的任務,起義爆發時剛剛趕到,他不顧旁人的勸阻,立即裁去長衫的下半截,參加了進攻督署的戰鬥,雖然「胸腿受傷,血透衣外」,仍然奮勇爭先。

此外，有許多革命黨人在敵人嚴刑拷打下仍堅貞不屈，視死如歸。如武昌起義爆發前壯烈犧牲的彭楚藩、劉復基、楊洪勝三烈士。彭楚藩在起義前就曾對家人說：起義那天「我當衝鋒在前，決一死戰。稍有不測，你也無須悲傷。人生終有一死」，「舉旗起義，推翻清王朝封建帝制，即使戰死沙場，也償我平生報國之願」，「為中華民族同胞而死，義所不辭」。被提審時他大聲宣告：「我就是革命黨人，我們的宗旨就是要推翻清王朝，恢復中華，創立民國，死是嚇不倒革命黨人的，要殺便殺！」劉復基臨刑前高呼：「同胞們，快起來革命！」「還我河山！」楊洪勝被提審時豪邁地說：「老子就是革命黨人，要殺就殺，有什麼好問的！你們要問我的同黨，我現在告訴你們，除了你們這些狗奴才，全中國四萬萬同胞都是革命黨！」

還如湖南革命黨人禹之謨，敵人用跪鐵鍊、壓杠子、荊條鞭背、大椒末熏口鼻、香火灼肉、繩吊大手指及大腳趾懸於空中等手段，嚴刑拷打逼供，禹之謨昏死多次，始終不屈，最後被絞殺在湖南靖州東門外。黃花崗起義李雁南中彈被俘後不屈不撓，刑前，「清吏命警兵以槍斃之。李蹶然而起，自赴營內空地，告警兵曰：『請用槍從口擊下』。言畢，即大張口飲彈而死」。不少革命志士，還以不同方式為革命而獻身。如撰寫《革命軍》，為中國革命掀起了巨大波瀾，不愧為調動千軍的大將軍鄒容，因「蘇報案」入獄，被折磨病死在獄中。撰寫《猛回頭》、《警世鐘》震動時局的陳天華，懷著強烈的民族自尊心和憂國憂民的滿腔悲憤，在日本蹈海殉國，警世獻身。謀炸清廷五大臣當場犧牲的吳樾，刺殺清廣州將軍孚琦而被捕英勇就義的溫生才，等等。

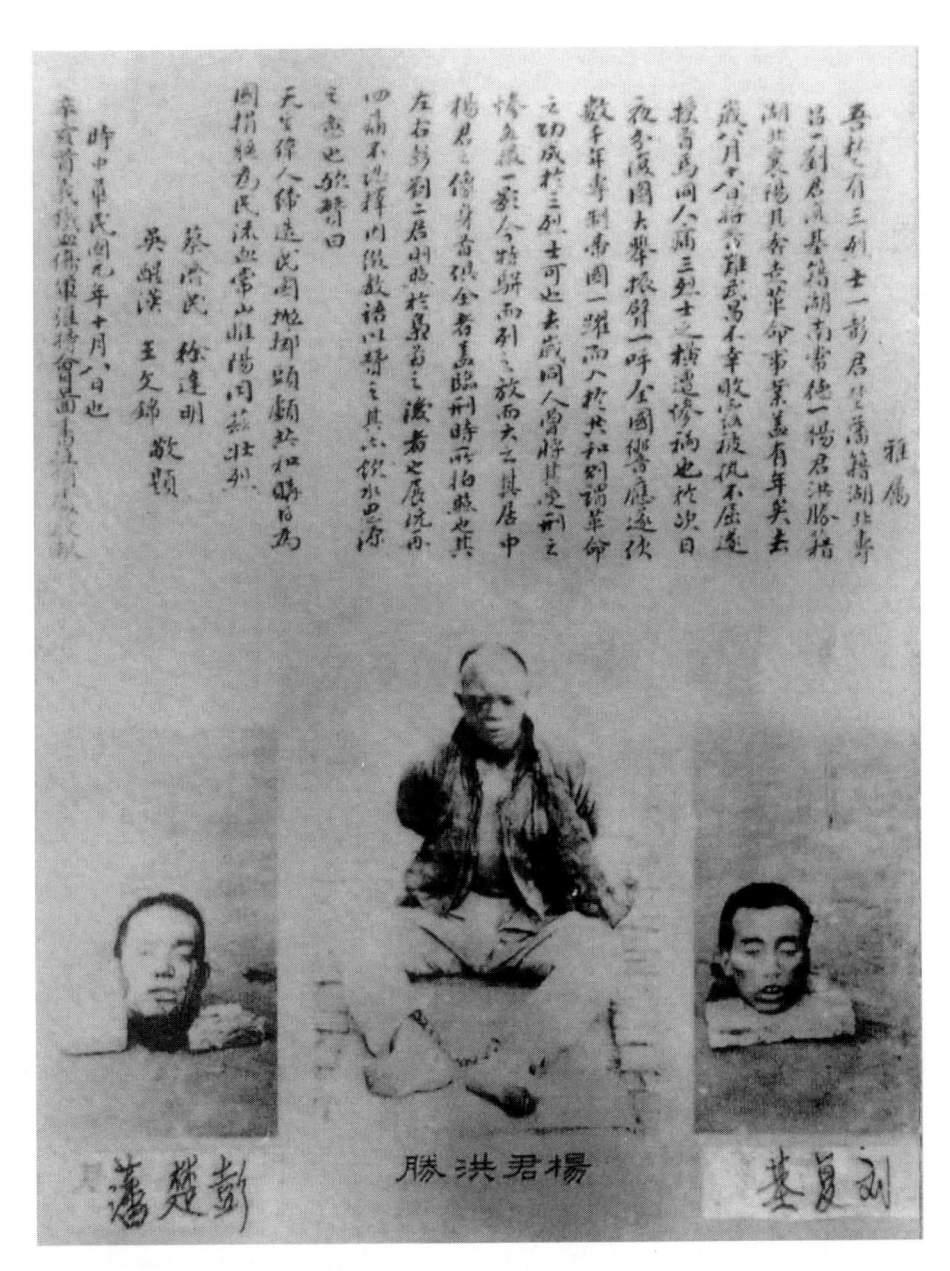

「首義三烈士」遺像

武昌起義爆發前,像他們這樣投身革命,勇於獻身的人有許許

多多，在已出版的辛亥革命人物傳記中都有記載。對「革命黨犧牲身家性命，以為同胞謀幸福，赴湯蹈火所不辭，粉身碎骨所不惜」，「慷慨成仁，從容就義，精誠貫乎精石，灝氣薄於雲天」崇高可貴的獻身精神，使我們不能不抱致深深的敬意。

二、生死與共，喋血陽夏

武昌首義勝利後，湖廣總督瑞澂慌忙出逃，連夜發報清廷，稟報武昌起事，請求派兵鎮壓，並急電河南、湖南兩省巡撫求援。清廷得報新軍「叛亂」及省城失陷的消息，驚恐萬狀，深感極大威脅。一方面，因為武漢地處中原腹地，水路要衝，九省通衢，一旦失落，後果不堪設想；另一方面，武昌首義勢必為其他省區革命黨所效仿和回應，因為同盟會早制定有「數省同時發難」或「一省發難，各地回應」的計畫。故此，清王朝把「今日必以急復武昌為第一義」，認為「該黨既以武漢為根據，各處亦視武漢為從違，目前下手之方，自當專注於此。根據一拔，餘皆失其所恃，冰消瓦解，始以一哄而起者亦將一哄而散」。

10月12日，清廷將瑞澂革職，由陸軍大臣廕昌指揮清軍南下。廕昌先令河南新軍第52標就近開往漢口，與張彪殘部會合；接著親率第4鎮、第2鎮混成第3協、第6鎮混成第11協組成第一軍進入湖北；又命軍諮府正使馮國璋為第二軍軍統，指揮由第5鎮、第3鎮混成第5協、第20鎮混成第39協組成的預備隊，隨後進發；還命令海軍提督薩鎮冰、長江水師提督程允和率領10多艘魚雷艇、巡洋艇駛入武漢江面，停泊在陽邏一帶，配合陸軍伺機進攻。

為抗擊清軍、保衛首義成果，湖北軍政府作出「先擊攘漢口之敵，漸次向北進攻，以阻止清軍南下」的戰略計畫，同時招募新兵。

武漢保衛戰於10月18日拉開戰幕，由漢口戰役和漢陽戰役組成，是辛亥革命中規模最大、戰鬥最激烈、傷亡人數最多的戰爭，歷時40餘天，史稱「陽夏戰爭」。在漢口戰役中，民軍傷亡約達六、七千人；在漢陽戰役中，民軍傷亡約3300餘人。清軍為攻占漢口，馮國璋竟下令縱火焚燒街面房屋而前進的兇殘辦法，一時間，上自礄口，下到張美之巷、火頭十餘處，煙霧蔽天，咫尺莫辨，民眾救者，也遭槍殺。火燒三天三夜不熄，天為之變赤，地為之變焦，漢口繁榮區域一片焦土，成千上萬的人無家可歸，三十裡長漢口市，幾成瓦礫。被害者不下數十萬家，財產損失和市民死傷無法統計。

激戰後的戰場

1911年橫渡漢口長江遇難的革命黨人屍體被運上岸

　　陽夏戰爭中，革命志士表現出了不怕犧牲的精神。如由原工程八營士兵為主組成的鄂軍敢死隊，許多人寧願當敢死隊員，不做排長隊長等官。他們一馬當先打頭陣，奮勇殺敵，多名隊員英勇犧牲，其中包括敢死隊第一隊副隊長徐兆斌和第二隊隊長馬榮。具體事例在第一章「革命奉獻的犧牲精神」一節中已有論及，這裡不再贅述。需要提及的是，在民軍與清軍鏖戰危難之際，屢建戰功、甚孚眾望的黃興抵達武漢，不僅使民軍有著「千軍易得，一將難求」之感，軍心大振；而且他在戰鬥中親臨前線指揮，所表現的身先士卒的大無畏精神令人欽佩。他受命戰時總司令在拜將壇上慷慨陳詞：「此次革命，是光復漢族，建立共和政府，斯時清廷仍未覺悟，派軍來鄂與民為敵，我輩宜先驅逐在漢口之清軍，然後進攻，恢復北京，以完成革命之志。」表示「為國盡瘁，義不容辭」。戰鬥中他與民軍生死與共，奮勇殺敵，槍炮不退，火海亦勇，「血戰逾月，心力交瘁」。他在陽夏戰爭中的功績，誠如革命黨人居正所說：「自克強堅守漢陽以後，各省得乘機大舉，次第回應，俾革命

軍聲威日壯，基礎日固，不可謂非克強之力也。......故克強之功，不在守漢陽之孤城，而在其大無畏精神，以未經教練之烏合殘卒，含辛茹苦，抵抗馮國璋北洋熟練之雄師，因此穩定起義之武昌，促各省革命黨之崛起。」

黃興像

踴躍應募入伍的新戰士

　　陽夏戰爭中，各界人民群眾以多種方式直接投入或協助支援這場革命戰爭，表現出極大的革命熱情和犧牲的精神。如在招募新兵時，民眾踴躍參軍，有的是成批入伍。大冶礦工1000多人入伍，漢口布幫工人也是整批從軍。不到五天就招足了四個協約兩萬的新兵，以後又增招了四個協。在漢口劉家廟爭奪戰中，有成百上千的鐵路工人、鐵廠工人和附近農民助戰，他們冒險拆毀鐵軌十餘丈，使滿載清軍的火車脫軌車廂傾覆。當民軍凱旋時市區一片歡騰，工人爭先卸運戰利品，市民為官兵披紅掛綵，各飯店、酒家、茶館爭相拿出飯菜、酒水，犒勞民軍。工人還主動為民軍修理炮架，擔任運輸，漢陽兵工廠工人日夜加班，趕製軍火。黃興在漢陽組織反攻漢口時，附近的居民、船民積極為架設浮橋出力。武漢商界積極捐款捐物，援助革命，組織商團維持社會治安，有的還直接參與革命軍的戰鬥。積極參加和支援這場革命鬥爭的，還有學生、女子、僧人、舊軍退伍官兵、湖北籍在外地任職和日本留學的人員等等。這其中，歸元寺僧眾有不少人脫掉僧衣，義無反顧地加入到民軍隊伍

裡，為保衛勝利的果實浴血奮戰。

　　陽夏之戰，湘、寧、贛等省義軍相繼援鄂，來自本省和全國及海外僑胞以決死隊、敢死隊等為名，支援或參戰的組織達20多個。這其中，在漢河南革命人士組成的河南奮勇軍，於漢陽失守之後仍組敢死隊若干人赴漢陽作戰，都英勇犧牲。廣東華僑敢死隊自購武器、自備旅費，由香港經上海來武漢，他們參加了反攻漢口之戰和奉命堅守漢陽兵工廠。來武漢時有近百人，僅20多人生還。日本橫濱某華僑招募60人，自備火輪一艘來鄂，為革命軍運送軍火。對於各地各類戰鬥組織雲集武漢支援革命，湖北軍政府軍務部曾發出通告，稱「各地熱心之士，組獨立將校團、敢死團、決死團等戰團」，「同仇敵愾，捨身驅敵，其志殊堪欽佩」。漢陽失陷後，又有江西、安徽、廣西、湖南、江蘇等地的部隊，先後抵達武漢附近或經過湖北北上，「旬月之間，鄂省萃有客軍近十萬眾」。這些援軍雖沒有趕上陽夏之戰，但對於保衛武昌，壯大革命聲威以及準備北伐，應該說具有明顯的作用。使北洋軍「斷無餘力再圖武昌」，陷入進退兩難的境地，一度考慮把全軍撤回武勝關以北，以免輸掉老本。

三、同仇敵愾，神州呼應

　　1911年9月3日，上海一家立憲派的報紙《時報》在一篇《時評》中說：「今日中國之爛機遍地皆是，如處火藥庫上，一觸即發，其危象真不可思議。」事隔37天後，這個「火藥庫」因武昌首義而「一觸即發」，回應武昌起義，同仇敵愾、神州呼應的革命烽火很快席捲全國，接踵頻傳的各省「易幟獨立」的聲勢，宣告了全國規模的資產階級民主革命高潮的到來和清朝封建統治的行將滅亡。

武昌起義爆發後，湖北革命黨人在長期的革命鬥爭中，以武漢為中心，所輻射的湖北境內十府（武昌府、漢陽府、黃州府、德安府、安陸府、襄陽府、鄖陽府、荊州府、宜昌府、施南府）一州（荊門直隸州）所轄地區，立即回應，相繼光復，建立了政權。這其中，有的由黨人策動新軍武裝奪取政權，有的由黨人前往招降，有的因四鄰已經反正，聞風附義。漢陽府所轄的漢川率先光復後，對穩定武漢週邊，協助以後的武漢保衛戰起到了一定的作用。宜昌光復後，曾由宜昌川漢鐵路的築路工人組織數千人的「決死隊」，助攻荊州等地，並派一部分起義軍進駐巴東、巫山和夔府，屏障上游和聲援四川革命。

南方各省和長江流域，以及北方的陝西、山西，是革命黨人歷來比較活躍著力經營的地區。他們在那裡進行過頗有成效的革命宣傳和組織工作，又曾聯絡本省的新軍和會黨，多次發動武裝反清起義，有一定的民主革命的基礎，武昌首義後，紛紛響應，「易幟獨立」。回應的時間先後為：10月22日湖南、陝西回應，10月29日山西回應，10月30日雲南回應，10月31日江西回應（九江已於10月24日回應）。湖北、湖南、江西先後相繼獨立後，實現了同盟會中部總會在辛亥年初制定的長江中游首先發難的計畫。11月3日上海響應，11月4日貴州、浙江響應，11月5日江蘇回應，11月7日廣西回應，11月8日安徽回應，11月9日福建、廣東回應，11月27日四川回應（11月22日重慶已回應）。50天內，全國已有14個省和上海宣布獨立脫離清朝統治，革命運動是如此的浩大和迅猛。誠如孫中山所說：「起事不過數旬，光復已十餘行省，自有歷史以來，成功未有如是之速也。」

陝西獨立

江西九江新軍起義

起義軍艦

　其他一些省區，直隸、山東、河南、東北三省和內蒙古、西北甘（寧、青）和新疆，由於革命力量的弱小和反革命力量的相對強大，加之各地具體情況不同，革命黨人雖積極回應武昌起義而「易幟獨立」未果，但他們在特別困難的條件下，仍不怕流血犧牲策劃和發動反清武裝起義。如武昌起義勝利的喜訊傳到河南開封，這裡的革命黨人迅即於10月13日組織起義，他們把希望寄託於新軍第29混成協統應龍翔的反正，軍方得到消息，就先把應龍翔軟禁起

來，起義挫敗。革命黨人遂修改行動方案，去外縣聯絡民間祕密結社和農民武裝，於11月下旬，兵分三路，奪取開封，後起義軍被敵人各個擊破。進入12月，面對湖北軍政府連電各省獨立，他們決定不管有多大風險，承受多大犧牲，「不論成敗，必須硬幹」。聯絡城內的軍、警、學生和一些市民，並約會豫東的仁義會眾，於12月22日舉事，因起義計畫被奸細獲取，革命黨人在開會布置之際，即被反動軍警包圍，11人被捕英勇就義，起義又告失敗。這些回應武昌起義而「易幟獨立」未果的省區，牽制了敵人的大量兵力，有力地聲援了其他省區人民的反清獨立運動，更加速了封建清王朝的覆滅。

在各省響應武昌起義「易幟獨立」期間，海軍艦隊愛國官兵受全國革命形勢的影響，在革命黨人的策動和聯絡下，亦起義反正。1911年11月11日，海琛、海容、海籌及其他艦隻由陽邏啟碇下駛，途中反正，14日開抵九江，投入革命陣營。同時，留在南京江面的十數長江艦隊，由下關拔錨直下鎮江，參加了革命。在全國廣大城鄉特別是城鎮，人們嚮往革命，支持和參加武裝起義，擁護新建的軍政府，積極參與政治活動，民眾熱潮高漲。不少農村受革命形勢的影響，會黨起事和貧苦農民反封建壓迫剝削的鬥爭，相應地層見迭起。

還值得一提的是，由武昌起義導入高潮的辛亥革命，使台灣同胞和海外僑胞受到極大的鼓舞。在台灣，各族同胞為反抗日本殖民統治的殘酷壓迫和剝削，10多年來，接連不斷地發動了各種形式的反抗鬥爭。「台民自稱『寄籍』，日夜望中國恢復。」由武昌起義引發的祖國大陸革命運動的消息傳到台灣後，各族同胞無不歡欣鼓舞。當年10月19日，澎湖漁民張吉輔首駕危舟，突破日軍巡邏的耳目，渡海投效大陸革命。隨後，不少台灣同胞也偷渡到大陸，積聚於福建省駐軍孫道仁的麾下。福建省在台、澎各地愛國志士的協助謀略下，於11月9日光復。從1911年至1915年，台灣革命黨

人一連組織發動了以「驅逐日寇，收復台灣」為鬥爭目標的9次起義。如1912年3月劉乾率領革命黨人和武裝農民的起義，同年6月林朝領導的各族農民起義，同年夏秋陳阿榮以「光復台灣」為號召聯絡各族愛國志士的起義，影響最大的是羅福星領導的起義。

1913年3月15日，羅福星在苗栗召開台灣各地抗日志士大會，發表《大革命宣言》，宣言中寫道「日本亡我台灣，奪我財產，絕我生命，日本苛政，無所不用其極」，列舉了日本統治台灣的21條罪狀，號召台灣人民聯合團結起來驅逐日寇，光復祖國河山。宣言受到台灣各族同胞的熱烈擁護和響應，短時間內有10多萬人參加革命行列。後起義計畫隨著4000多革命者的被捕入獄而遭到完全破壞，羅福星也因叛徒出賣被捕。臨刑前，他已「犧牲血肉尋常事，莫怕生平愛自由」的英雄氣概，寫下了《祝我國民詞》和《絕命詞》，慷慨地登上敵人的絞刑台，為祖國的革命和統一事業英勇就義。在《祝我國民詞》中他寫道：「中土如斯更富強，華封共祝著邊疆；民情四海皆兄弟，國體苞桑氣運昌；孫直國手著先唐，逸樂豐神久既彰；仙客早傳靈妙藥，救人於病身相當！」此詞每句的第一個字連起來即為「中華民國孫逸仙救」。

　　在海外，被孫中山譽為「革命之母」、歷來關心和支持祖國民主革命的僑胞，聽到苦難的祖國已發生武昌起義的喜訊時，無不興奮異常。各地華僑都懷著十分激動的心情集會慶祝，遊行示威，扯下象徵著屈辱的清朝龍旗，掛起了革命旗幟。廣大僑胞把這次革命看著是祖國獲得獨立、民族獲得解放、自身獲得尊重的起始。他們或投袂而起，參加反正起義；或奔走效力，獻身革命大業；或慷慨解囊，踴躍捐輸。在人力、財力、物力等方面支援革命。如在華僑最集中的南洋各島，「僑胞聞風興起，不少人自動返回，參加實際行動。其陸續在香港集會的百餘人，成立華僑炸彈隊，擬進廣州」。而在武昌起義前革命黨人發動的起義中，亦都有華僑的身影，如粵、桂、滇的起義，無役不有華僑參與，馬篤山起義的骨幹

力量是安南華僑200餘人的同盟會會員,黃花崗起義之華僑更多。許多華僑志士的鮮血與中國國內革命黨人的熱血流在一起,為祖國的民族解放事業貢獻了生命。孫中山曾說:在辛亥革命的過程中,「其慷慨助餉,多在華僑,熱心宣傳,多為學界,衝鋒破敵,則在新軍與會黨」。董必武指出:「海外華僑是辛亥革命強有力的支持者。這些革命的華僑,有工商業資本家,也有更多的工人和小工業者,他們在海外受盡了帝國主義反動派的骯髒氣,迫切需要有一個繁榮富強的祖國。他們對孫中山先生的革命活動不但從經濟上給予幫助,而且積極參加。黃花崗起義七十二烈士,差不多有三分之一是華僑。他們是中國人民的優秀兒女,是全體愛國華僑的光榮。」

四、視死如歸，捍衛共和

任臨時大總統時的孫中山

1912年1月1日，資產階級民主共和國——南京臨時政府成

立，孫中山就任臨時大總統。孫中山在《臨時大總統誓詞》中表示：「傾覆滿洲專制政府，鞏固中華民國，圖謀民生幸福，此國民之公意，文實遵之，以忠於國，為眾服務。」在《臨時大總統宣言書》中宣告，南京臨時政府的建國方針是「盡掃專制之流毒，確定共和，以達革命之宗旨，完國民之志願」，建設一個民主、富強的國家。他以高昂戰鬥精神，號召全國人民，克服艱難險阻，勇往直前，盡文明國家應盡之義務，享文明國家應享之權利，「與我友邦益增睦誼，持和平主義，將使中國見重於國際社會，且將使世界漸趨於大同」，「使中華民國之基礎確定於大地」。1912年2月12日，清帝溥儀下詔退位。南京臨時政府的成立和清帝的退位，宣告了延續2000多年的封建專制統治的終結，開啟了中國歷史的新紀元。在南京臨時政府成立的100天裡，頒布和實施了一系列有利於民族資產階級，有利於中國社會發展的政策法令和革新措施。對於袁世凱在「南北議和」期間竊取革命勝利果實及其後實行獨裁專制，以孫中山為首的革命黨人進行了不屈不撓的鬥爭，視死如歸，捍衛共和。

「南北議和」期間，1911年12月25日風塵僕僕的孫中山由海外抵達上海，他堅決主張「運用革命武力統一全國，徹底掃除北方的專制餘孽」，「革命之目的不達，無和議之可言也」。他在答覆記者的提問時自豪地宣告，他從國外帶來的不是錢，「所帶回者，革命之精神耳」。孫中山就是用這種革命精神，教育和帶領革命黨人，力圖頂住和扭轉自己營壘中日益抬頭的妥協傾向，務達「革命目的」而後已。他在南京臨時政府財政拮据的情況下，仍撥出二十萬元，充作北伐的軍費。他說：「北伐之舉，有進無退，……臨時政府所枕戈不遑者，方在破虜一事。」即便在「為情勢所迫」而犧牲革命之主張，讓位袁世凱之際，他一方面利用其民國臨時大總統的合法身分，接二連三地頒發一系列有利於民主共和國的政策法令，特別是制定頒布了《臨時約法》這一根本大法，想以此來削弱

和限制袁世凱的權力；另一方面堅持主張臨時政府地點設於南京，讓袁世凱離開北京老巢，到革命黨人還占優勢的南京來就職，那就易於迫其勉就資產階級共和制度的範圍。

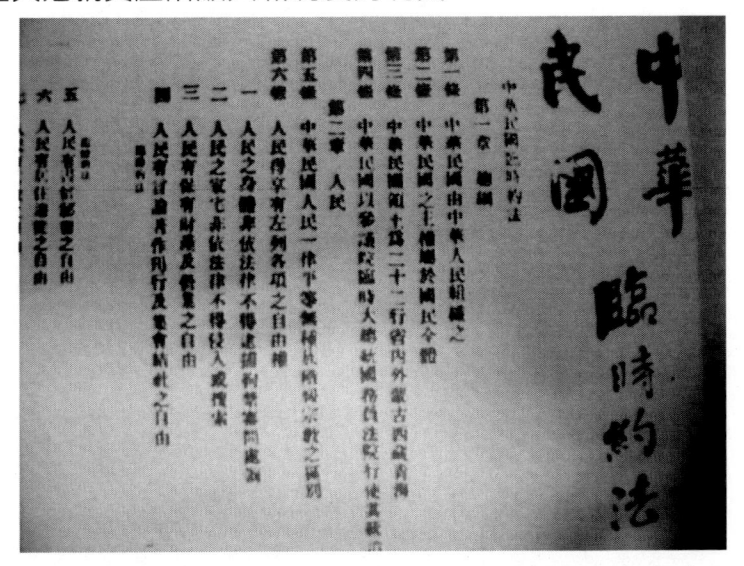

1912年3月11日，孫中山公布了臨時參議院制定的《中華民國臨時約法》，該約法共7章計56條。

袁世凱竊奪臨時大總統的寶座後，立即著手「統一軍令」、「統一政令」、「統一政權」、「統一國權」、「統一行政」、「統一制度」、「統一秩序」、「統一民國」，要把全部大權收歸到自己手中，實行獨裁專制。袁世凱解除黃興的兵權，將南京留守府「號稱三十萬人」的武裝裁撤殆盡，悍然破壞《臨時約法》，由他的心腹趙秉鈞重新組織責任內閣，迫使參議院屈從他的「行政統一」。大肆迫害革命黨人，製造了血腥槍殺張振武、方維案件。尤其是派人刺殺了國民黨代理理事長宋教仁。宋教仁宣揚政黨內閣制，主張制定民主憲法，反對袁世凱集權、專權。且國民黨在國會選舉時取得了多數議席，將以多數黨的地位出組責任內閣。宋教仁以未來內閣總理自詡，躊躇滿志，擬南下進行競選活動，遂成為袁

世凱最大政敵和心腹大患。袁世凱曾說：「我現在不怕國民黨以暴力奪取政權，就怕他們以合法手段取得政權，把我擺在無權無勇的位置上。」為不讓宋教仁南下競選，袁親自向宋饋贈50萬元「特別費」，但宋不為所動，「原票奉璧」，如期南下。袁世凱深知宋教仁「非高官厚祿所能收買，乃暗萌殺意，密令心腹趙秉鈞謀之」，將宋教仁刺殺於上海車站。宋教仁不愧為是一個資產階級革命家和堅強的民主共和的鬥士。他曾說過：「脫不幸而餘被刺死，或足以促進吾黨之奮鬥，而縮短項城之命運。」

宋案發生後，孫中山從日本立即回國，力主武力討伐袁世凱。「全國人心鼎沸，國賊國賊之聲，振於寰宇。」各地報刊紛紛發表社論進行抨擊，指出袁世凱為「全國人民之公敵，手不操戈之大盜」。呼籲發動「二次革命」，以「作民國之砥柱，挽共和於既倒」。在孫中山的領導下，「討袁之役」又稱「癸丑贛寧之役」爆發。1913年7月12日，李烈鈞在江西湖口首先起義，宣布江西獨立。15日黃興在南京組織討袁軍，挾江蘇都督程德全宣布獨立，接著安徽、廣東、福建、湖南、上海、四川亦紛紛宣布獨立。討袁軍與北洋軍在江西、南京一帶激烈戰鬥，因國民黨內部渙散、各自為戰等原因，在北洋軍的大舉進攻下，討袁軍節節失利，持續二月之久的「二次革命」遂告失敗。孫中山、黃興、李烈鈞等被通緝，相率逃亡日本。袁世凱鎮壓「二次革命」後，逼迫國會選舉他為正式大總統，又下令解散國會和地方省議會，廢除《中華民國臨時約法》。他未經國會同意，與列強簽訂「善後大借款」合約，用鹽稅作抵，使列強實現了控制和監督中國財政的願望。

《真相畫報》關於宋教仁血案的報導

袁世凱鎮壓「二次革命」後，登上大總統職位，圖為其與部屬合影。

為了讓日本支持復辟帝制，與日本簽訂喪權辱國條約《二十一條》。並自行稱帝，復辟封建帝制，於1916年1月1日舉行登極大典，當上皇帝，改元「洪憲」。

「二次革命」失敗後，孫中山鑒於「同黨人之心渙散」，將國民黨改組為中華革命黨。《中華革命黨總章》明確規定，「以實行民權、民生兩主義為宗旨」，「以掃除專制統治，建設完全民國為目的」，把推翻袁世凱反動統治，恢復民主共和制度，重新締造資產階級民主共和國，作為黨的中心任務。同時孫中山還制定了《革命方略》，規定以「推翻專制政府」、「建設完全民國」、「啟發人民生業」、「鞏固國家主權」作為革命軍的奮鬥目標，組建「中華革命軍」。為了克服失敗情緒，孫中山諄諄告誡黨人：「我輩既已擔當中國改革發展為己任，雖石爛海枯，而此身尚存，此心不死。既不可以失敗而灰心，亦不能以困難而縮步。」只要精神貫注，猛力向前，「則終有最後成功之一日」。中華革命黨成立後，發表《討袁檄文》、《討袁宣言》，在全國不少地方發動反袁武裝起義，從1914年1月至1916年6月，起義達40餘次，地點遍及粵、湘、滬、江、浙、魯、川、陝、皖、奉等10餘省市，其中上海、廣東、山東的鬥爭最為激烈。為了維護共和，孫中山表示：「雖肝膽塗疆場，膏血潤原野而不辭也。」此間蔡鍔等組織的「護國軍」，先後在雲南、貴州、廣西、廣東、浙江等宣布獨立。在孫中山的「討袁軍」和蔡鍔的「護國軍」的嚴重打擊下，1916年3月23日，袁世凱被迫宣布取消帝制，洪憲百日春夢，倏然幻滅。

袁世凱被迫取消帝制後，孫中山當即發表《第二次討袁宣言》，指出：「保持民國，不徒以去袁為畢事。」「袁氏未去，當與國民共任討賊之事；袁氏既去，當與國民共荷監督之責，決不肯使謀危民國者復生於國內。」要求永遠剷除帝制，維護約法，恢復國會，重建資產階級民主共和國。他一再強調「約法與國會，共和國之命脈也，命脈不存，體將安托？」在這之後，又上演了張勳

「辮子軍」擁廢帝溥儀復辟的12天鬧劇；段祺瑞公開宣布「一不要約法，二不要國會，三不要舊總統」，毀壞約法、擅立政府、易置總統種種非法活動。對此孫中山指出：「今日變亂，非帝政與民政之爭，非新舊潮流之爭，非南北意見之爭，實真共和與假共和之爭。」為了「為國民爭回真共和」，孫中山在廣州組織護法軍政府，以「勘定叛亂，恢復《臨時約法》」為軍政府的唯一職責。1917年9月10日，孫中山就任中華民國軍政府大元帥，在宣誓就職時，堅決表示「當竭股肱之力，攘除奸凶，恢復約法，以竟元年未盡之業，雪數歲無功之恥」。隨後揮師北伐，護法戰爭由此發端。正當北伐攻下長沙護法戰爭取得節節勝利之時，西南軍閥為保存實力維護一己私利，停止進軍，謀求與北洋軍閥和談妥協。且軍政府非法改組，孫中山受到排斥。孫中山憤而辭職，通電揭露西南軍閥護法運動的種種罪行，向國民痛切宣告：「吾國之大患，莫大於武人之爭雄，南北如一丘之貉。」

　　孫中山堅持捍衛資產階級民主共和國，反對獨裁，反對專制，視共和如自己的生命。他說：「唯余酷愛之共和，不但須有共和之名，且須有共和之實。……故余酷愛如生命者，名實相符之共和也。」對其革命經歷，他自己作了這樣表白：「余之從事革命，建主義以為標的，定方略以為歷程，集畢生之精力以赴之，百折而不撓。求天下之仁人志士，同趨於一主義之下，以同致力，於是有立黨；求舉國之人民，共喻此主義，以身體而力行之，於是有宣傳；求此主義之實現，必先破壞而後有建設，於是有起義。」為此他始終不渝，矢志終身，不畏艱險，不辭勞瘁。這種奮鬥不息的革命精神，誠如魯迅所說：「中山先生一身歷史具在，站出世間來就是革命，失敗了還是革命；中華民國成立之後，也沒有滿足過，沒有安逸過。仍然繼續著進向近於完全的革命的工作。」「只要這先前未曾有的中華民國存在，就是他的豐碑。」

第四章　辛亥首義精神形成的時代背景和社會條件

　　馬克思主義認為：「不是人們的意識決定人們的存在，相反，是人們的社會存在決定人們的意識。」「形成社會的精神生活的泉源，產生社會思想、社會理論、政治觀點和政治設施的泉源，不應當到思想、理論、觀點和政治設施本身中去尋求，而要到社會的物質生活條件、社會存在中去尋求，因為這些思想、理論和觀點等等是社會存在的反映。」辛亥首義精神的形成，離不開當時的時代背景和社會條件。

一、漢口開埠後武漢經濟社會的嬗變

　　1840年鴉片戰爭，「清王朝的聲威一遇到不列顛的槍炮就掃地以盡，天朝帝國萬世長存的迷信受到了致命的打擊，……閉關自守的、與文明世界隔絕的狀態被打破了」。鴉片戰爭以後，中國由一個統一的封建專制的國家，開始淪為充滿了社會動盪的半殖民地半封建的國家。腐敗昏庸的清王朝與列強簽訂喪權辱國條約，割地、賠款、開放口岸通商，領土和主權的完整受到嚴重破壞，清廷逐步變為列強操縱下的傀儡，墮落為「洋人朝廷」。誠如清末湖北留學生所揭露的：「夫我中國之政府，非國民所持為鐵壁金城」，「唯以媚外為宗旨」。而虎視鷹瞵，久垂涎於我中華五金之富、物產之饒的列強，加快對中國的掠奪和瓜分，其侵略勢力由粵、閩、江、浙等沿海地區延伸至內陸腹地。1858年6月，中英《天津條約》簽訂，確定漢口為新增的11個通商口岸之一，1861年3月漢口

正式開埠與英國通商。其後，美、法、德等國也相隨在漢口通商。1862年以後，其他國家如丹麥、荷蘭、西班牙、比利時、奧地利、日本、義大利、葡萄牙等，也根據「利益均霑」的條款，紛至遝來，同享在漢經商之便與清政府簽訂在漢口開埠的條約。至清朝末年，先後有20多個國家來漢通商。與此同時，英、美、俄、法、日、德、意、比、丹、荷等國先後在漢口設立領事館，作為進行政治侵略、經濟掠奪和文化滲透的據點。一些國家又在此基礎上圈地建立租界，享有「治外法權」，形成所謂「國中之國」。

各國在漢口租界開設銀行

　　列強在這裡設銀行、開工廠、闢航道、競相爭奪鐵路建築權，利用「約開商埠」的特權，大肆傾銷其工業品，廉價收購各種原材料、農產品和土特產，逐步控制了武漢的經濟命脈。還以傳教的方式建教堂和教會學校，進行文化滲透和奴化教育，在租界開設煙館、賭場、妓院。「危哉中國，其為各國競爭中心點也。嗚呼！夫孰知以中國競爭之局卜之，吾楚尤為中心點之中心點呼。」這是湖

北革命志士對「在昔日為長江上游之重鎮者，在今日則為世界競爭之聚點地」的呼號，也是當時列強政治侵略和經濟掠奪中國的一個縮影。

漢口街頭等待雇用的失業者

　　漢口開埠，列強對武漢無孔不入的滲透，給人民帶來的苦難是深重的。如僅就與湖北農民、手工工人命運攸關的棉紡織品來說，土紡織「實為鄂民生計之一大宗」，湖北本地出產棉花紡織而成的土布，曾是馳名全國的傳統手工業產品。由於洋布的大量傾銷，加之為虎作倀的封建統治者對湖北土布強征重稅，致使湖北土布遭受致命打擊，在外省銷路銳減，使得湖北無數農民和手工業工人急劇地被捲入殖民主義商品經濟的漩渦，墜入了飛速擴大的遊民無產者的行列。漢口開埠，使深處堂奧、風氣古樸的內陸封建城市武漢，成為一個半殖民地半封建的開放城市，演為「商賈輻輳，白皙人聯翩並集」的列強「勢力圈競爭之中心點」。1902年湖北巡撫兼署湖廣總督端方在奏摺中就曾這樣說：「自近年創興鐵路，武漢為南

北樞軸，長江商務日辟，已駸駸直達上海，於是天下大勢日趨重於鄂中，各國之賓從絡繹，電牘紛紜，幾於日不暇給。」在這樣的情況下，傳統的自給自足的自然經濟逐漸解體，被迫捲入資本主義的市場，武漢經濟社會隨之嬗變。

以漢口的商業貿易為例，武漢素有「九省通衢」之稱，明末清初漢口就已成為與江西景德鎮、廣東佛山鎮、河南朱仙鎮齊名的天下「四大名鎮」之一。18世紀中期，漢口「人煙數十里，行戶數千家，典鋪數十重，船舶數千萬，九州諸大名鎮皆有讓焉」，成為長江中游地區的商貿中心。但是，在漢口開埠以前，漢口商貿經營的內容，主要是封建生產關係下小生產者生產的農副產品和手工業品。產品銷售的地域或範圍，主要是周圍的縣鎮鄉村、鄰省和長江上下游各地，沒有直接與國外的進口貿易。1824年後，有品種很少、數量不多的外國日用工業品，從廣州銷到武漢。從總體上說，仍然屬於自然經濟的範疇，充其量只是處於萌芽狀態的資本主義商業。漢口開埠後，武漢對外貿易與商業格局為之一變。開埠的第二年，進出漢口的外國輪船1033艘次，累計395312噸，進出口總額2733萬兩。1867-1894年，漢口對外貿易進出口總額年平均為3587.73萬兩。1895年以後，漢口進出口淨值的絕對量幾乎是年年增加。1898年漢口進出口貨物總值是5300多萬兩，到1902年達10032.1萬兩，1910年增至15219.9萬兩。短短的十一二年內，劇增三倍，其數額僅次於全國最大的貿易口岸上海。過去漢口是內地最大的農副產品集散中心，此時漢口又成了內地進出口貿易的最大口岸。到19世紀末期，漢口與上海、廣州、天津，青島並列為五大商埠。在外國人眼中，漢口成了「中國商業之心臟」、「東方的芝加哥」。

商貿和商業的發展促進了產業的勃興，也為武漢近代交通、工業的發展提供了必要的機械和原料，同時也刺激了漢口以出口加工為導向的製茶、製革、榨油等輕工業的發展。隨著商貿和商業成為

城市經濟的主體，城市經濟結構發生了變化，新的商業公司和近代工廠陸續出現。社會結構也發生了變化，新式商人、企業集團和近代知識份子出現了，雇傭工人也隨著工商業和交通運輸業的發展而增多。而西風（包括西學、西技、西建、西政）的東漸，中西文化不斷碰撞、滲透、融合，人們的思想觀念也發生了變化，新知識、新思想、新道德為越來越多的人接受。作為社會基礎的經濟，這一物質層面的變革，必然導致制度層面的連鎖反應，舊有的政治體制已經難以適應了。

漢口開埠，在中國方面，是被迫的也是痛苦的。具有愛國心和民族尊嚴的武漢人民對屈辱的不平等條約莫不義憤填膺，被迫開放的屈辱情緒和反對洋人入侵的情緒廣泛存在於民間，並由征地和洋人逞兇而引發一系列反抗爭鬥。但與此同時，開埠又成為漢口從中世紀的封建城市向近代的資本主義城市轉化的契機，使古老的漢口面臨巨大的挑戰與機遇，在屈辱中崛起、辛酸中奮進。

漢口開埠後所帶來的武漢經濟社會的嬗變，西方列強侵略的刺激，不能不說會對武昌起義的爆發及其精神的形成產生一定的影響。因為武昌起義的爆發，革命人民普遍訴求的是國家的獨立、民族的振興、人民自由平等的權利。推翻清王朝封建統治，建立資產階級民主共和國，就是想把中國現代化的發展與資本主義道路聯繫在一起，探索一條從傳統文明向現代文明轉型的中國自己的道路，並且已經走出了堅實的第一步。而起步於1860年代的中國早期現代化，比較於15、16世紀西歐國家從中世紀母胎內自然孕育而成的「早發內生型」現代化，是「後發外生型」現代化，或曰「傳導性」、「傳動性」現代化。其原因在於：中國本土的固有文明尚未發育到自生現代化的程度，現代性與傳統性不相容，是在外國資本主義的入侵及其現代化威逼示範與國人的學習仿效之下發生的。正是如此，馬克思、恩格斯在19世紀中葉對於資產階級革命不可避免地將在中國發生曾作過天才預見：「世界上最古老最堅固的帝

國，因受了英國資本家紡織品的影響，八年來已處於社會革新的前夜，這種社會革新對於文明無論如何應有非常大的結果。我們歐洲的反動派，在最近的將來，勢必向亞洲逃跑，一跑跑到中國的萬里長城，跑到這個最保守的堡壘的門口，那時候，安知他們在那裡不會碰到『中華共和國——自由、平等、博愛』這幾個大字呢？」這已被辛亥革命所驗證。特別引人注目的是，湖北作為列強滲透的中心點之一，成為了辛亥革命的「首義之區」。

二、張之洞「振興實業」和「組訓新軍」的客觀效果

漢口開埠近30年後，張之洞出任湖廣總督。作為同治維新的殿軍，其影響直逼維新巨擘和首領李鴻章的「後起之秀」，在督鄂近20年裡，實施「湖北新政」，建立了冶金、礦業、軍工、紡織等近代大型工業，興辦交通、郵電、學堂，整飭和改進商業、財政、市政基礎設施，組訓新軍，使武漢迅速發展成為與上海、天津鼎足而立的全國三大維新中心，成為全國最大的現代工商文教中心之一。其斐然成就，正如當年張之洞沾沾表白他「治鄂」的功績，為黃鶴樓草擬的一副楹聯所雲：「昔賢整頓乾坤，締造先從江漢起。今日交通文軌，登臨不覺歐亞遙。」

大冶鐵礦山

漢陽鐵廠

　　張之洞主持下興辦的近代企業主要有：湖北槍炮廠、漢陽鐵廠、大冶鐵礦、大冶王三石煤礦、武昌馬鞍山煤礦、湖北織布官局、湖北繅絲局、湖北製麻局、湖北紡紗官局以及武昌製革廠、白沙洲造紙廠、湖北氈呢廠、湖北官磚廠，湖北針釘廠、武昌鐵路機

車廠等。形成了以軍用工業、鋼鐵工業為先導，重輕工業並舉、軍用民用並舉，「自相挹注」互為補充的武漢近代工業體系模式。這其中，有晚清先進的大型軍工企業湖北槍炮廠，亞洲第一家大型鋼鐵聯合企業漢陽鐵廠和華中近代大型紡織工業湖北布紗絲麻四局。此外，張之洞還主持修成全國第一條最長的鐵路幹線——蘆漢鐵路（後改稱京漢鐵路），溝通了京漢之間和華北、華中之間的聯繫，在經濟、軍事上都有重大意義；擴大商務，迎接商戰，設立商務公所、商務局、兩湖勸業場等機構；革新城市管理機制，展開基礎性城市建設，包括武漢三鎮建制的變動，堤防的修建，街道的拓展；統一、更新湖北混亂的幣制，開辦鑄錢局、官錢局，鑄造銀幣、銅幣，印製紙鈔；支持和獎掖私營工商業的發展；擴大開放，發展外貿，自開武昌商埠，鼓勵漢口大力輸出茶葉，等等。

上述張之洞「湖北新政」振興實業的措施，推動了武漢城市近代化的崛起。武漢城市近代化的崛起，為孕育乃至催生辛亥首義的爆發，提供了沃土和溫床。因為城市是其近代化變革力量和變革因素大量聚集的地方。一般說來，近代化變革力量和變革因素聚集越多的城市，革命也就越加強烈和深入；相反，近代化變革力量和變革因素聚集越少的城市，革命的爆發也就緩慢遲滯，或者根本不可能發生。可以這樣說，辛亥革命的爆發，既是近代中國政治、經濟和社會矛盾發展到一定階段的結果，也是中國近代化（現代化）過程發展的產物，是服從於中國近代歷史必然向資本主義發展這一客觀規律的。還要指出的是，張之洞興辦近代工業，大機器生產的出現作為一種先進生產力的代表、近代文明的標誌、具有革命意味的物質力量，它在湖北應運而生，其所產生的現實效應不僅體現在經濟領域，亦必然在社會文化領域引起深刻連鎖反應。這其中，它在社會心理層面所發揮的最引人注目的功能，就是開風氣之先，在思維方式與時代精神上為湖北地區革命精英的成長創造了合適的氛圍。「正是在大機器的生產的轟鳴聲中，近代化的技術、制度及其

產品培育了一種受容新生因數的沃土與溫床，使革命黨人得以生存並且實踐其主義，使異質思想得以傳播並且轉化成激烈的行動，使舊體系發生裂變並且趨於解體。」可以說不經過近代文明的洗禮，湖北革命黨人不可能自覺地、果斷地、堅定地舉起反清的旗幟並且在全國首先發難。此外，張之洞振興實業是以武漢地區為中心，清末湖北的127家民族資本工業企業，有122家在武漢三鎮，占總數的96%。這樣一種布局，不僅使武漢成為湖北近代文明的中心，而且容易成為革命黨人活動的大舞台，他們可以利用近代文明的各種現實成果，擁有一種高文化的勢能，使革命火種能夠迅速傳播，收到登高一呼應者雲集的效果。

湖北新軍在操練

　　組訓新軍，是張之洞實施「湖北新政」的重要內容，也是其「身心性命之學」。甲午戰爭中國戰敗時，曾代理兩江總督的張之洞在那裡組建了「自強新軍」，請德國軍官來訓練。1896年張之洞回湖北本任，把自強新軍護軍營約500人帶回湖北，開始組建湖

北新軍。1902年，張之洞仿照日本陸軍兵制，將護軍營和省城防營重新編為常備軍。1905年依照清廷練兵處制定新軍軍制，將常備軍第一鎮改為陸軍第八鎮，第二鎮改為陸軍第二十一混成協，通稱湖北新軍。新軍的編制、訓練、裝備、技術完全仿效德國和日本。「掃除故套，參用西法，參用各國洋弁教習，講求槍炮理法，兼司營壘測繪，始可謂之為兵。」新軍的軍官，均由經過重新學習訓練的原任軍官、留學生和武備學堂畢業生充任。士兵則大都來自湖北的士、農、工、商子弟，且必須有半數以上的人識字。據統計，新軍士兵識字的約占2/3。如1905年湖北新軍在黃陂招考，入伍的96人中，有12個廩生，24個秀才。知識青年占有如此高的比例，是以往任何舊式軍隊所沒有的。

恩格斯在論述歐洲資本主義國家實行徵兵制時指出：「在每一個健康的男子都在經歷軍隊的今天，這種軍隊開始越來越多地反映人民的情緒和思想；作為主要的壓迫工具的這種軍隊，日益變得不可靠了。……既然發生了此類情況，既然軍隊中也出現了曙光，那就意味著舊世界的末日已經不遠了。」儘管清廷當時還說不上已經實行這種徵兵制，但是既然大批貧苦農民和受過一些新式教育的小資產階級知識份子進入了新軍，他們就必然在不同程度上把人民的情緒和思想帶了進來，並且有可能轉化為潛在的革命因素。事實正是這樣，新軍中的大多數士兵對清政府的統治不滿，思想活躍，比較容易接受資產階級民主革命的思想。在革命黨人的宣傳運動和實行「抬營主義」下，這支訓練有素、有著新思想、不同於滿清「八旗兵」和袁世凱編練「北洋新軍」的湖北新軍，打響了武昌首義第一槍。起義後除張彪帶走的輜重第八營殘部和被他挾持的第四十二標第三營未能起義外，其他差不多全部轉到革命方面來了。辛亥武昌首義，實乃湖北新軍起義。這是在此前孫中山領導的多次起義中絕無僅有的。沒有湖北新軍的起義，辛亥首義即使爆發，也不可能獲得成功。與此同時，伴隨著辛亥首義而形成的辛亥首義精神，亦

或多或少體現了一種軍人精神。孫中山曾說:「在今日而言救國救民,必要革命。革命須有精神,此精神即為現在軍人之精神。但所謂精神,非泛泛而言之,知、仁、勇三者,即為軍人之要素。能發揚這三種精神,始可以救民,始可以救國。」這裡所說的「知、仁、勇」三種精神,在第一章辛亥首義精神的內涵中都可以得到印證。

張之洞振興實業和組訓新軍,其目的是為了維護搖搖欲墜的清朝封建統治。但事與願違,結果適得其反,反而為埋葬清王朝的武昌起義創造了條件。他逝後的兩年,就在他經營垂20年的湖北,推翻封建清王朝、震驚中外的武昌起義爆發,這是張之洞始料不及的。正如他的學生張春霆所說:「辛亥革命曷為成功於武昌乎?論者以武昌地區上游,控扼九省,地據形勝,故一舉而全國回應,斯固然矣,抑知武漢所以成為重鎮,實公(即張之洞)二十年來締造之力也。其時工廠林立,江漢殷賑,一隅之地,足以聳動中外之視聽。有官錢局、錢幣廠,控制全省之金融,則起事不虞軍用之缺乏。有槍炮廠可供戰事源源供給。成立新軍,多富於知識思想,能瞭解革命之旨趣。而領導革命者,又多素所培植之學生也。精神上,物質上,皆比較彼時他省為優。以是之故,能成大功。雖為公所不及料,而事機湊泊,種豆得瓜。」張之洞種湖北新政之豆,結武昌首義之瓜、清王朝崩潰之瓜、民主共和國創建之瓜。正是如此,孫中山在辭去臨時大總統後到武漢考察,遊覽紀念張之洞的奧略樓時說張之洞「可謂為不言革命之大革命家」。

三、新式知識份子群體的出現與作用

在張之洞「湖北新政」中,興學求才是推行新政的重要任務,其所取得的實績不亞於經濟和軍事。張之洞說過:「人皆知外洋各

國之強由於兵,而不知外洋之強由於學。夫立國由於人才,人才出於立學,此古今中外不易之理。」他認為「中國不貧於財,而貧於人才」。基於這樣的認識,張之洞採取書院改制和建立新式學堂雙管齊下的辦法,先後創辦了數十所各級各類新式學堂。如1890年5月創辦兩湖書院,1891年6月創辦湖北方言商務學堂,同年8月創辦湖北算術學堂,1892年創辦湖北礦務局工程學堂,1893年11月開辦湖北自強學堂(現武漢大學的前身),1897年2月創辦湖北武備學堂,1898年4月創辦湖北農務學堂和湖北工藝學堂,1902年兩湖書院改稱兩湖文高學堂又稱兩湖大學堂,1904年創辦高等小學堂和初等小學堂,1906年創辦師範學堂和鐵路學堂,等等。建立了與初等、中等、高等相適應的教育體系,使湖北武漢地區教育領先全國。據《湖北教育官報》1910年有關統計,至1908年,湖北已有各級各類新式學堂1972所,已畢業學生1287人,在校學生72634人。辛亥革命前夕,湖北學生群體(包括已畢業和在校者)約有15萬人左右。其中小學生占2/3以上,具有中等及以上文化水準者約有2萬~3萬人。張之洞遂成為清末「第一通曉學務之人」。

與此同時,張之洞還大力提倡向海外派遣留學人員。他認為:「出洋一年,勝於讀西書五年,此趙營平百聞不如一見之說也。入外國學堂一年,勝於中國學堂三年,此孟子置之莊岳之說也。」1902年,從兩湖、經心、江漢書院選派30多人赴日本東京弘文學院速成師範學習。後又陸速增派,至年底留日學生達百餘人,占同年全國留日學生500餘人的1/5。1903年從武漢各學堂選派8人赴德、10人赴美、4人赴俄、24人赴比。至1904年底,派往西洋各國的湖北學生數量如下:德國25人,法國10人,英國23人,美國11人,比利時24人。在上述派遣各國的留學生中,以派往日本為早為多。遠在1896年,清政府派出的首批赴日留學生中,就有湖北房縣人戢翼翬(字元丞,居武昌)。1906年,湖北在日本的留

學生達1300人,占全國1/4,名列前茅。據估計,清末湖北留日學生有5000余人,位居各省之首,留歐美學生近200人。1902年張之洞曾自作「學堂歌」,歌詞中講到湖北興辦教育和派遣留學生的盛況:「湖北省,二百堂,武漢學生五千強;派出洋,學外邦,各省官費數不廣;湖北省,采眾長,四百餘人東西洋。」這裡說的「四百餘人東西洋」,僅指1902年以前官費留學生數字,如果加上自費留學生,數字當然要大得多。

張之洞還開設圖書館,編譯西洋書籍,創辦《湖北官報》,以「宣達下情,啟迪民智,開內地之風,傳外國之情形」。這些措施,在普及文化知識,培養具有近代化意識、文化的新型知識份子方面,亦起到了積極作用。

隨著新式學堂的創辦和青年學生競相出國,人們就可以與域外文化和政治思想接觸,湖北就出現了一個不同於舊式士大夫的知識份子隊伍。這一新式知識份子群體,或在學堂經過新式教育,或出國沐浴歐風美雨,他們接受了若干近代文化科學知識和資本主義上升時期的學說民權論、民約論、進化論等,如張繼煦在《湖北學生界》「敘論」中,就曾以生存競爭的原則大談湖北是經濟競爭、航路競爭的中心點,聲稱「歐洲政治人群之進化,何一非史賓賽,達爾文之精神鼓蕩而驅使者乎?」李書城認為被保守思想禁錮的中國學界,「非灌輸盧梭、孟德斯鳩、達爾文、史賓賽諸儒之學說以陶洗之」。他們已經明確認識到中國危局的根源是列強的外來侵略和清王朝的腐敗統治:「鷹瞵虎視者數強國,四顧皇皇,無所用其武,於是風飆電激,席捲而東,集矢於太平洋。亞洲識微之士,莫不深臏蹙額,驚走相告曰:危哉中國,其為各國競爭中心點也。」而腐敗無能的清政府,聽任「列強割要地,租軍港,以扼其咽喉;開礦山,築鐵路,以斷其筋絡;借債索款,推廣工商,以朘其膏血;開放門戶,劃勢力圈,搏肥而食,無所顧忌。官吏黜陟,聽其指使,政府機關,使司轉捩。嗚呼!望中國之前途,如風前燭、水

中泡耳」。特別是在受到孫中山革命思想的影響後，許多人走上了革命道路，成為了最早的資產階級革命派，有的還成為了資產階級民主革命的領導人（如黃興1898年入武昌兩湖書院學習，1902年入日本東京弘文學院速成師範學習。宋教仁1903年入武昌文普通學堂學習，曾在武昌參與組織科學補習所，1905年入日本東京法政大學學習）。

　　這一新式知識份子群體，有著強烈的愛國熱情。「他們有很大的革命性。他們或多或少地有了資本主義的科學知識，富於政治感覺，他們在現階段的中國革命中常常起著先鋒的和橋樑的作用。」他們意識到自己的歷史使命，高唱道：「美矣哉學生之位置！」「重矣哉學生之位置！」「為今日之學生者，當豫勉為革新之健將，使異日放一大光彩，以照耀於亞洲之大陸上。」宣稱：「湖北者，湖北學生演其輸入之文明之舞台也。」在他們身上，既有著強烈時代使命感和社會責任感的憂患意識，又有著中西嫁接的知識結構與匡濟天下的實踐品格；既奔湧著時代賦予的激情與悲壯，又閃耀著荊楚文化薰染而成的瑰麗與灑脫；既憤悱國恥，又講畫變力（「凡有血氣者所宜憤悱，凡有耳目心知者所宜講畫也」）；既以「亡清必楚」相號召、「揭竿而為天下倡」為己任，又有著「不競聲華」、腳踏實地、埋頭苦幹的精神。

東京同盟會主辦的部分刊物

　　事實正是這樣。還在1901年，留日學生戢翼翬、吳祿貞與馮自由在東京創辦《國民報》月刊，「專提倡革命排滿及排斥保皇邪說」。1903年留日學生在東京組成「湖北同鄉會」，其宗旨是「敦睦鄉誼，砥礪學行，推廣一切公益事件」，要使留學生和中國國內學生聯合起來，共盡「輸入文明，匡扶宗國之責任」。他們出版《湖北學生界》，以「輸入東西之學說，喚起國民之精神」為宗旨，「喚醒國民，」「革除錮習」相號召。該刊在上海和內地設立32個祕密發行所，廣為發行擴大影響。湖北同鄉會的成立和《湖

北學生界》的創辦，不僅使人耳目一新，而且在東京開各省留學生結社辦刊之先。他們還組織成立昌明公司，經營書刊，向中國國內輸入革命書刊，傳播海內外消息。1903年中國留日學生集會掀起拒俄運動，湖北學生踴躍參加，李書城、藍天蔚等上台發表演說。會上決定成立「拒俄義勇隊」（後改學生軍，旋由改為軍國民教育會），藍天蔚被推任隊長，黃興和湖北學生余德元被派為運動員，負責兩湖、南京一帶的發動工作。二人回到武昌，在兩湖書院發表演說，鼓吹反清革命，散發《革命軍》、《猛回頭》等革命書刊4000多冊。這些當時被稱為「先知先覺」者，在海外積極參加孫中山領導的革命團體（1905年孫中山先生組織同盟會，在日本召開第一次會議，出席的代表72人中，湖北有19人，占26%以上。在歐洲參加同盟會者也是湖北居多，達18人），而湖北先後建立發展的革命組織，許多都是來自這一新式知識份子群體，有的還是革命組織的領導人。如武昌花園山聚會的吳祿貞、藍天蔚、李廉方，科學補習所和日知會的劉靜庵、張難先、曹亞伯、胡瑛、呂大森、宋教仁、梁鐘漢、季雨霖、馮特民，文學社的蔣翊武、王憲章、唐犧之、詹大悲，共進會的孫武、劉公、張振武、楊時傑、熊秉坤、胡祖舜，以及武昌起義前犧牲的彭楚藩、劉復基、楊洪勝，等等。在武昌起義和陽夏戰爭中，身先士卒、衝鋒在前的志士，亦有不少來自這一新式知識份子群體。如號稱打響武昌起義第一槍的熊秉坤，充當起義中第一臨時總指揮的吳兆麟，陽夏之戰中出任民軍總司令的黃興。湖北軍政府中擔任要職的也有他們的身影。如任軍務副部長的蔣翊武，任軍政府謀略處主要負責人的蔡濟民，任軍政府總監察的劉公，以及任軍務部長的孫武和制定中國首部具有民主憲法《鄂州約法》的宋教仁。此外，在張之洞組訓的新軍中，「有高等小學及以上文化者，至少占新軍人數的百分之二三十」。這其中，亦有不少人來自這一新式知識份子群體，他們是抱著「運動軍隊」的目的而投軍的，這批人後來成為新軍基礎中的革命骨幹

份子。他們不僅成為武昌起義的發動者,而且首義以後,一些省份起而回應的軍人,往往是幾年來由湖北派赴各省「代練新軍」的人員,如新疆的楊瓚緒、東北的藍天蔚、貴州的趙德全、湖南的黃鸞鳴、廣西的吳元澤、雲南的梅志一,以及擔任六鎮統制、在石家莊火車站被刺的吳祿貞等。正如李廉方在《辛亥武昌首義紀》中說:「自張文襄公督鄂以來,以建設地方,振興國家,實大有造於辛亥起義。最彰著者,首在作育楚材。」難怪還在武昌起義爆發前,老謀深算的慈禧太后說:「造就人才的是湖北,我所憂慮的也在湖北。」肅親王善耆亦曾對攝政王載灃說:「今之革命黨,皆青年才俊,憤政治不良,輕於一擲。」

這一新式知識份子群體,在包括武昌起義在內的辛亥革命及其以後的革命運動中,發揮了啟蒙、先鋒和橋樑的作用。他們成為了封建清王朝的掘墓人,為推翻封建君主專制、建立資產階級民主共和國作出了傑出的貢獻。正是如此,可以這麼說,沒有這一新式知識份子群體的出現與作用,就沒有劃時代的辛亥武昌起義,就沒有中國封建君主專制政體的崩塌,由此亦就沒有辛亥首義精神。

四、新興民族資產階級的形成和訴求

辛亥革命是一場比較完全意義上的資產階級的民主革命。作為這場革命標誌的武昌起義的爆發及其精神的形成,是與當時武漢新興民族資產階級的形成和訴求的時代背景和社會條件分不開的。

漢口開埠以後特別是張之洞「湖北新政」的實施,隨著傳統的自給自足自然經濟的解體,商品市場的擴大,捲入資本主義的世界市場,由破產的手工業工人、交通運輸工人和農民組成的龐大而廉價勞動力市場的出現,一些人貨幣財富的積累轉化為資本,一個以工商業資產階級為代表的武漢民族資產階級於19世紀末葉開始形

成。武漢最早的民族資本主義工廠為1895年前就已創立的新昶機器廠。至辛亥革命前，武漢有民族資本近代企業123家（一說41家），還有民營近代航運公司4家，商辦鐵路公司1家，官商合辦、官督商辦的白沙洲造紙廠等10家，亦具有資本主義因素。這123家工廠企業的創辦，大體分為兩個階段：1905年前為第一階段，創辦25家；1906年至1911年為第二階段，創辦97家，且行業較多，建廠規模亦較前擴大。這其中，1905年至1907年是武漢民族資本主義工業發展的一個高潮，在日俄戰爭的刺激和抵制美貨運動的推動下，三年中開辦的工廠有18家。這123家工廠企業，有商人、官員、買辦、地主投資建廠的（在所建工廠開辦人有身分可查的53家工廠中，這幾類人員開辦的工廠占43家，其中商人占31家）；有官轉商辦的；有手工工廠轉化為近代工廠或手工業工匠集資建廠的。武漢民族資本企業興業的歷史，比外資在漢企業和官辦企業要短得多。規模和採用現代機器生產也遠遠不能與外資企業、官辦企業相匹敵。辛亥革命前夕，武漢民族資本開辦的現代企業，工人總數不過一萬。武漢民族資本近代企業，是在外資企業和官辦企業這兩個龐然大物的夾縫中，艱難曲折地生長著的。

　　武漢民族資產階級是由一批商人、官紳、買辦、地主轉化、手工工廠主和業主以及學徒、店員、工匠等上升而成的資本家構成。由於經濟實力的差異及同帝國主義、專制政府關係的不同，可分為上層和中下層兩個階層。上層中一部分人主要依靠宗法專制勢力的庇護發展自己的經濟勢力，如宋煒臣等為代表；另一部分則主要依靠與帝國主義的經濟聯繫發展自己的經濟勢力，如劉歆生等為代表。這兩部分人所依靠的對象並非涇渭分明，有時兼而有之。他們的政治立場是動搖的。當清政府壓制他們伴隨經濟力量發展而來的參與政權的要求時，當帝國主義的經濟侵略直接危害到他們的經濟利益時，他們也有所抗爭，但僅限於上書請願，集會抗議，反對以革命暴力推翻清政府，反對危及帝國主義在華根本利益的「越軌行

動」，體現出軟弱性和妥協性。中下層人數較多，其社會基礎也比較廣泛。他們與帝國主義、封建政權的聯繫不太密切，在發展資本主義經濟的道路上，受帝國主義、宗法專制勢力多方面的阻撓和壓制，雖然他們不得不努力與其建立聯繫，但不得不更多地依憑自己的氣力在外國資本、宗法封建勢力的夾縫中苦鬥。比起上層來，他們較富於革命性。民族資產階級的兩重性，誠如毛澤東所分析，「他們與帝國主義和封建主義有矛盾」，有「一定的反帝國主義和反官僚軍閥政府的積極性」，但「由於他們在經濟上和政治上的軟弱性，由於他們與帝國主義和封建主義並未完全斷絕經濟上的聯繫，所以，他們又沒有徹底的反帝反封建的勇氣」。

與中國其他地區民族資產階級一樣，武漢民族資產階級亦有著自己的訴求。他們有愛國禦侮，自新自強的思想，對於中國政治生活中出現的有利於資本主義變革活動，常常持贊同和較為積極的態度。如抵制美貨運動，鼓吹君主立憲，反對君主專制，積極參與保路運動等等。

特別是以民族資產階級為主導的城市市民，包括商人、企業主、作坊主、手工業工人、近代產業工人、店員、服務行業人員、職員、自由職業者、知識份子、士紳等逐步形成，他們的民族精神、參政意識、社會責任感普遍增長。正是如此，武昌起義爆發前，「武漢市人心猛進與覺悟，知清命將終，暗中贊助，甚至偵探，以袒護革命黨」。而清政府皇族內閣的頒布和所謂鐵路國有的倒行逆施，「武漢之人心，愈為憤激，唯恐革命爆發之不早者」。

武漢民族資產階級的形成和訴求，為資產階級革命孕育了力量，提供了客觀的社會環境。正是包括他們在內的武漢市民對清廷的逆反心理和對革命派的同情或默契，在武昌起義醞釀、籌備時期，使革命行動的發育處於良好的社會氛圍中；在起義發生之後，使革命獲得了及時有效的社會支援。如武昌起義爆發前，由商人、

工廠主、店員、學徒、城市居民、學校教職員等參加的武漢自治會組織，儘管沒有明確的革命意識，但在參與自治活動中，培養了某些現代民主政治觀念，並得到了選舉、結社、參政等方面的鍛煉。有一部分商界人士經人介紹，參加了革命組織文學社。武昌起義後，武漢民族資產階級、商會商團，捐款捐物，主動承擔維持首義之區地方治安的任務，幫助軍政府穩定局勢，擔負起後勤工作和戰地救護工作，配合民軍進行「情報戰」，有的還直接投入戰鬥。

還要指出的是，武漢民族資產階級的形成和訴求，鑄治了人們的自由意識、開放意識、民主意識、競爭意識，賦予了他們近代文明素質和進取精神，從而為革命的發生鋪墊了社會心理基礎。比如就商品競爭的「商戰論」而言，商戰論促進了主體性意識的覺醒，反映在理論上是一種更加務實、更加激進的人生哲學，增加了理性的積澱，多了一份自重、抗爭、獨立、開拓精神；反映在實踐上是奮力拚搏以求生、勇於開拓以立世，以及對政治運動的熱情擁護與積極參與。正如有的學者指出：「商業貿易的競爭以及商戰論的鼓動，使武漢地區的民族資產階級熱衷於鬥爭哲學，因為商人是這一階級的主體。儘管脆弱、纖細、不堅定，卻也敏銳、氣盛、追求物欲與政治利益，進而在一些關鍵的時刻挺身而出，顯示出與柔和、怯懦相對應的果敢與獻身精神。」

以上事實說明，武昌首義期間，武漢民族資產階級對革命採取了支持的態度，特別是民族資產階級的中下層，積極支持革命，洋溢出相當的政治熱情，這正是中國民族資產階級在舊民主主義革命中的集中表現。當時在武漢地區發動革命的是長期受孫中山革命思想哺育的武漢革命黨人，他們事實上充當了資產階級的政治代言人。而武昌起義推翻2000多年的封建君主專制，建立資產階級民主共和國，正代表了他們的心聲和訴求。正是如此，我們說，沒有這一階級的存在，近代意義上的資產階級民主革命不可能在武漢爆發。也正是如此，我們說，武昌起義及其精神的形成，離不開當時

武漢新興民族資產階級的形成和訴求的這一時代背景和社會條件。

五、「山雨欲來風滿樓」的革命形勢

列寧在論及社會革命爆發的條件時說：「對於革命來說，僅僅是下層不願意像原來那樣生活下去是不夠的。對於革命，還要求上層社會不能像先前那樣統治和管理下去。」辛亥首義爆發及其精神的形成，正是處在人民群眾已經不能照舊生活下去和清政府已陷入無法照舊統治下去這樣的時代背景和社會條件。

1.人民群眾已處於不能照舊生活下去的境況

從全國來看，20世紀初，帝國主義列強對中國的侵略、控制進一步加深了。它們在迫使中國簽訂《辛丑合約》以後，加強了對清政府的政治控制，多方擴展在華經濟勢力。外國在華投資規模急速擴張，包括擴大設廠規模和給清政府大量高息貸款，而鐵路、礦產的利權更成為帝國主義掠奪的重要目標。1904年至1905年，日、俄兩國為了爭奪在華利益竟然在中國東北進行戰爭。乘日、俄相鬥之機，英國派兵侵入中國西藏地區。德國則企圖將勢力延伸到原屬英國勢力範圍的長江流域。清政府為了對外支付巨額賠款等，橫徵暴斂，各種舊稅一次又一次追加，種種巧立名目的新稅更是層出不窮，各級官吏還要從中中飽私囊，致使民怨沸騰。正是在中外反動派的嚴重壓迫下，各階層人民的反洋教鬥爭，農民、手工業者的抗捐、抗稅、抗租鬥爭，工人的罷工鬥爭，少數民族與會黨的起事，以及拒俄、拒法、抵制美貨等愛國運動、收回利權運動等，風起雲湧，遍及全國。從1902年至1911年間，各地民變多達1300餘起。這其中尤其是保路風潮的掀起。1911年5月，清廷宣布「鐵路幹線收歸國有」，並與四國銀行團訂立粵漢、川漢鐵路借款合約，借「國有」名義把鐵路利權出賣給帝國主義，同時借此「劫奪」商

股。這種「奪路送與外人」的賣國行徑，激起全國人民強烈反抗，湖北、湖南、廣東、四川等省掀起保路風潮，其中以四川為最激烈。四川總督趙爾豐竟下令軍警向手無寸鐵的請願群眾開槍，造成「成都血案」。廣大群眾忍無可忍，在同盟會會員的參與下，保路運動發展為全川的反清武裝暴動。此外，從1906～1911年，孫中山、黃興與同盟會等組織在各地發動了十多次武裝起義，這些起義雖然失敗了，但給清政府以沉重打擊，造成廣泛的影響。其中廣州黃花崗起義，是同盟會領導的影響最大的一次武裝起義，烈士們的義舉，威震敵膽，使清吏談虎變色、草木皆兵。革命人民大受鼓舞，促進了反清鬥爭。「由是而滿廷上下，震恐失措，民眾萬萬，越有『曷喪偕亡』之志，至武昌振臂一呼，而天下皆應，則正以三月二十九之役為先聲。」

從湖北來看，帝國主義列強和清政府的交相壓榨，名目繁多的苛捐雜稅，加之天災人禍，把人民群眾逼向無法生存的境地。連武漢市內各階層人民都「十九諮嗟歎息，謂生理虧耗，輸捐日多，衣食均艱，聊生何術？」為求生存，湖北各地饑民抗糧、搶米、聚眾求賑的事件層出不窮。反洋教鬥爭、反帝愛國運動、收回利權運動、反清起義，以及工人罷工、商民罷市、學生罷課等形式的反帝反封建鬥爭，也在各府州縣蓬勃發展。如1904年湖北恩施的反洋教鬥爭，1905年漢口銅貨幫3000多工人反對克扣工資而罷工，1907年漢口銅幣局工人反對降低工資定額而罷工，1908年5月漢口因當局無償地剝削人民土地爆發了後湖反清大鬥爭，1909年漢口染業工人為保衛自己的生活權利而罷工，同年漢口外資經營的順豐、阜昌等磚茶廠八九千工人反對工頭盤剝、要求增加工資而罷工，幾乎形成暴動。1910年到1911年，漢陽、石首、京山、潛江、廣濟、天門、隨縣、光華等縣發生饑民搶米事件。

反映人民悲慘生活的漫畫

棗陽饑民暴動

湖北棗陽遭旱開近報有飢民一二十人將料撈平糶亂抑官漢陽縣令人令捕拿辦因為飢民所人主者抑印官放五升米又告入釋散一面將趕進城内閉門聚隨各飢民並盤踞城内搶掠勒索叫已經京甘扰清欽差辦平雛定

棗陽饑民暴動時事圖

1911年1月咸寧爆發溫朝鐘領導的鐵血英雄會起義。1911年初，漢口人力車夫吳一狗無故被英巡捕活活打死，爆發了反抗外國侵略者及其走狗清朝官吏的鬥爭，數萬民眾集會聲討，將此起彼伏的反清鬥爭推向高潮。

2.清政府已陷入無法照舊統治下去的境地

從全國來看，清政權危機四伏，統治搖搖欲墜。1901年《辛丑合約》簽訂後，清政府甘當「洋人的朝廷」，國人對清政府更為失望，同時中國國內要求改革的呼聲日漸高漲。為了擺脫困境，清政府於1901年4月成立督辦政務處，宣布實行「新政」，陸續推行了一些方面的改革。新政的內容大部分只是延續了維新派和戊戌變法時的做法和主張，很多人認為「新政不新」。迫於內外壓力，清政府不得不於1906年宣布「預備仿行憲政」，並於1908年頒布了《欽定憲法大綱》，制定了一個學習日本實現君主立憲的方案，但又規定了9年的預備立憲期限。清政府並不是真心改革，其目的是為了鞏固皇權，延續其反動統治，遲遲不答應資產階級立憲派提出的關於立即召開國會的要求，還鎮壓了立憲派的國會請願運動，同時卻不斷借改革之名加強中央集權、加強皇權。1911年5月，在為形勢所迫不得不成立的責任內閣裡，13名大臣中滿族就有9人，其中皇族又占7人，被譏為「皇族內閣」或「親貴內閣」。這不僅使立憲派大失所望，也使統治集團內部由來已久的滿、漢矛盾和中央與地方矛盾的日益尖銳而分崩離析。「全國為之解體」，「舉國騷然，朝野上下，不啻加離心力百倍」。加之光緒和慈禧相繼死去，不滿3歲的溥儀被抱上皇位，清王朝持續半個世紀的強人統治結束，給搖搖欲墜的清王朝統治更增添了不穩定的陰影。事實表明，清政府已陷入無法照舊統治下去的境地。正如孫中山所形容的，清政府「可以比作一座即將倒塌的房屋，整個結構已從根本上徹底地腐朽了，難道有人只要用幾根小柱子斜撐住外牆就能夠使那座房屋免於傾倒嗎？」

從湖北來看，接替張之洞的趙爾豐，任湖廣總督不過數月，卻給兩湖人民留下了惡劣的印象。尤其是1908年，日商在兩湖購米三十萬石，其中一部分運至日本黴變，按商業常規，當然應由日本方面負責，但日商要求中國方面賠償，趙爾豐居然應承下來，令湘鄂兩省分認賠償，民情為之譁然，報紙傳為「奇聞」。滿洲貴族瑞澂接任湖廣總督時，排斥漢族官吏，當時湖北軍政和財經大權完全掌握在滿族官僚瑞澂、鐵忠、連甲等人手裡，導致漢族地主階級的上層份子日漸離心，從而大大縮小了清廷的統治基礎。瑞澂與載澤表裡為奸，推行所謂「鐵路國有」，實則將鐵路典賣給外國人，對老百姓強取豪奪。在漢口人力車夫吳一狗無故被英巡捕活活打死事件中，他非但不向英方抗議，反而向英領事館賠款道歉，表現了一副搖尾乞憐的洋奴醜態。對於他的賣國行徑和殘酷暴虐，人民恨之入骨，民憤洶湧澎湃。湖北當局已經是坐在地火奔突的火山口之上。

以上這一「山雨欲來風滿樓」的革命形勢，不能不說對辛亥首義爆發及其精神的形成產生影響。需要補充說明的是，湖北地區從鴉片戰爭以來便逐步成為人民群眾反抗中外反動勢力鬥爭的中心之一。太平軍三占武昌，四克漢陽，在湖北留下了深遠的革命影響。從反對暴政和反抗外來強敵以及革命傳統方面看，湖北人民也有一種敢為天下先和敢負天下之重的精神。「從『楚雖三戶，亡秦必楚』口號的提出，到陳勝、吳廣的率先倡議，到劉邦、項羽的終於滅秦（上述四人是楚人，不過不是湖北人）；從王莽統治末年的綠林軍起義，到宋末的抗元鬥爭，元末的徐壽輝、明玉珍、陳友諒起義，明末清初的抗清鬥爭，英雄豪傑層出不窮。」這也可以說是促成辛亥首義爆發及其精神形成的一個歷史環境。

第五章　辛亥首義精神的源與流

　　上述的歷史環境和社會條件，如果說是從外因或者客觀方面來論述辛亥首義精神形成的話，那麼還需要從深層次上即內因或者主觀方面進一步探討辛亥首義精神的形成。與此同時，辛亥首義精神是隨著社會和歷史的發展而發展的。本章論述辛亥首義精神的源與流，旨在從這方面使人們更加深刻認識和理解辛亥首義精神的形成與發展及其來龍去脈。

一、荊楚文化的薰陶

　　始於先秦時期、歷經2000多年的荊楚文化，是荊楚人民在特定的歷史時空和地理環境中創造出來的具有地方特色和民族特色的文化。荊楚文化的地域範圍大體與現今所說的長江中游相當。先秦時期，由於這一帶被視為荒蕪之地，荊楚文化謂之蠻夷文化，是當時南方文化的代表，成為中華文化構成的主要體系之一。

　　隨著荊楚文化的傳承、轉型和發展，生活在荊楚大地上的湖北革命志士，自然而然受這種文化的濡染薰陶。他們在從事反清革命的活動中，對荊楚文化精神進行了發掘、繼承和提升。荊楚文化所具有的崇尚創造的進取精神、鄉邦之戀的愛國精神、頑強拚搏的剽悍精神、艱苦創業的實幹精神等文化個性，滋潤著辛亥首義精神的形成。

　　1.荊楚文化具有的崇尚創造的進取精神，滋潤著湖北革命志士敢為天下先，打響了擊落封建君主皇冠的第一槍。

　　楚民族是富有崇尚創造進取精神的民族，在經濟、政治、文化

等領域都很有建樹。「當其全盛時代，國勢的昌隆，思想的活躍，人才的眾多，學術的發達，文藝的繁榮……它的全面性實非六國所比擬。」在崇尚創造方面，楚人有著海納百川有容乃大、相容並包的胸懷。他們認為各民族間可相互取長補短，奉行「扶有蠻夷」、「以屬諸夏」的路線，華夏與蠻夷融為一體。他們從不拒絕模仿，也從不滿足於跟在別人後面亦步亦趨，而是外求諸人而博採眾長，內求諸己而獨創一格。對於其他民族的文明成果，始則仿造，繼而改作，革故鼎新，終於別創。正是這種崇尚創造的進取精神，使楚國具有「不飛則已，飛將衝天；不鳴則已，鳴將驚人」的遠大抱負。

「天下未發我首發，世人未為我敢為」。武昌起義一舉成功、一鳴驚人的壯舉，蘊含著荊楚文化崇尚創造的進取精神：起義爆發後的第三天便成立了第一個新式的政府——湖北軍政府，頒布了第一部具有資產階級憲法性質的《鄂州約法》，對傳統的經濟體制、教育制度、社會習俗等進行改革。這種崇尚創造的進取精神還表現在：湖北革命志士總結了此前歷次起義失敗的經驗教訓，認為「革命非運動新軍不可，運動新軍非親身加入行伍不可」，並在新軍中建立標、營、隊的黨代表制，從思想上對新軍士兵深入進行救亡圖存的反清宣傳，從組織上對新軍士兵實行領導，從而得到愛國士兵的擁護和同情，實現了以黨抬營，把新軍的若干標營從清方抬到革命方。可以說成功地找到了一條推翻封建清王朝統治的道路，創造了武昌首義模式。此外，湖北革命志士還看到同盟會在南方邊陲地區「屢起屢蹶，不關清廷要害」的缺點，認為只有在像武漢這樣大的城市中發動起義，獲得成功後影響全國，才能動搖清王朝的統治根基。2000多年前，楚人陳勝、吳廣起義，楚裔劉邦、項羽起兵，推翻了中國歷史上第一個封建王朝；2000多年後，湖北革命志士敢為天下先，打響了擊落封建君主皇冠的第一槍，繼而推翻了中國歷史上最後一個封建王朝，翻開了歷史新的一頁。

2.荊楚文化具有的鄉邦之戀的愛國精神，滋潤著湖北革命志士以「亡清必楚」、「揭竿而為天下倡」為己任。

屈原像

楚人對自己的家國充滿情懷，富有鄉邦之戀的愛國精神傳統。如楚辭詩歌的「皆書楚語，作楚聲，紀楚地，名楚物」，「狐死首丘」這一楚文化成語典故，所表達的葉落歸根的家國之戀等。這其中，尤以偉大的愛國詩人屈原為傑出代表。屈原九死不悔，憂憤投

江，在被貶放逐顛沛流離的歲月裡，寫下了《離騷》、《九歌》、《九章》、《國殤》、《天問》等著名詩篇。在這些詩篇裡，他痛斥把國家引向危亡境地的小人，頌揚為保衛楚國浴血戰鬥而英勇犧牲的將士，哀痛人民遭受的苦難，對楚國的一山一水、一草一木，都寄託了無限深情。「受命不遷，生南國兮，深固難徙，更一志兮」，「橘生淮南則為橘，生於淮北則為枳」。《橘頌》以橘為象徵，表達了屈原高尚的人格和眷戀鄉土熱愛祖國的情懷。

湖北革命志士為救亡圖存，以屈原為楷模。他們稱讚「屈原懷祖國而作《招魂》之什，是支那愛國鉅子」；用屈原的忠魂和八千弟子亡秦的壯舉自勵，「八千弟子隨我後，自由旗幟五色迷」；以「楚雖三戶，亡清必楚」相號召、「揭竿而為天下倡」為己任。「吾輩居江漢領域者，亦可以以不墜三戶遺風，奮起武怒，報其大恥，以揭竿而為中國倡。」為喚醒國人，宣傳救國和強國的緊迫性，他們翻譯西書，創辦刊物，開辦學堂，集會演說。並以屈原「路漫漫其修遠兮，吾將上下而求索」的精神，勇於探索。在中國國內各地的學堂和軍隊中求知求友，建立和發展革命組織；遠赴日本與歐美留學，學習先進文化。率先把盧梭的《民約論》、孟德斯鳩的《論法的精神》、史賓賽的《代議政治說》以及德國人寫的《政治學》、日本人寫的《萬國憲法比較》等，翻譯出來奉獻給中國讀者。

3.荊楚文化具有的頑強拚搏的剽悍精神，滋潤著湖北革命志士敢於戰鬥不怕犧牲。

楚人有著頑強拚搏的剽悍精神，主要體現在：一是枕戈待旦、勤修戈矛的尚武精神。楚莊王問鼎中原時就誇耀說，只需要把楚國所有的戈啄拆下來，就足以鑄成象徵周王朝政權的九鼎。

楚人雅好佩劍，在他們的心目中，「帶長鋏之陸離兮」，可以體現出英雄氣概。正是這種尚武精神，強化了楚人的倔強性格和心

理素質，使整個民族顯得剛毅頑強。秦國大將白起率兵攻破楚都郢城時，沒想到得到的是一座空城。楚人有逃亡和戰死的，卻沒有一個投敵獻媚的，受傷被俘的兩名士兵，也選擇了火堆和咬斷舌根不肯洩露楚鐘鼎鬲樽的埋藏地點。直到最後楚被秦亡，楚人還發出了「楚雖三戶，亡秦必楚」的悲壯誓言。二是楚人有著悍、強、剛、勁的性格。這一方面是地理環境對民族性格的影響，「凡民函五常之性，而其剛柔緩急，音聲不同，系水土之風氣」。楊雄說：「包楚與荊，風飄以悍，氣銳以剛，有道後服，無道先強。」《晉書》曰：「荊，強也。言其氣燥強。」另一方面是長期的軍事征戰也影響了楚民族性格的形成，磨礪了楚人剽悍犀利，桀驁不馴，剛烈勇猛的戰鬥性格和堅韌不拔的執著精神。《湖北通志》卷21開篇稱，湖北「其人率多勁悍、決裂，蓋天性然」。此外，湖北人享有「天上九頭鳥，地下湖北佬」之稱，意味著精明強悍，生命力的頑強和意志的堅韌。林語堂曾這樣說過：「中國向有『天上九頭鳥，地下湖北佬』之諺語，蓋湖北人精明強悍，頗有胡椒之辣。」

楚莊王出征像

　　湖北革命志士在從事反清革命的活動中清醒地認識到，要救國救民，就必須對帝國主義和專制主義這兩個敵人展開頑強的搏鬥，呼籲人民群眾迅速脫除「奴隸外人之根性」和「依賴君主之根性」，不要「服從強權」、「服從勢力」，相反應「爭權利於列強」、「爭權利於君主貴族，蹈白刃流膏血而不悔」。武昌起義形式上是新軍起義，實際上可以說是秀才造反。那些遊學海外歸來、或在武昌新式學堂畢業的兩湖青年學子，在接受了新的思想和知識後，紛紛脫下長衫，投筆從戎。「革命非運動新軍不可，運動新軍非加入行伍不可」，成為他們的共識。武昌起義前夕，彭楚藩、劉復基、楊洪勝三人不幸被捕英勇就義，在受審臨刑前，彭楚藩怒斥敵人道「予既從事革命，個人生命，早付犧牲，死固不畏也，可速死予」，並冷笑說「要殺便殺，何必多問！」劉復基對敵人輕蔑說「你們殺了我，倒也爽快，我再不會受你們的壓制了」，楊洪勝對敵人大聲罵道「好！只管殺，你們奴才們的末日就要到了」。這些俠肝義膽的話語蘊含著楚人悍、強、剛、勁的性格。武昌首義前後，湖北革命志士所體現出的勇往直前的拚搏精神、愈挫愈奮的堅韌精神、革命奉獻的犧牲精神等，在第一章「辛亥首義精神的豐富內涵」中已有論述，這裡不再贅述。黃興的「吳楚英豪戈指日，江湖俠氣劍如虹」的七律，朱子龍的「死我一人天下生，且看革命起雄兵」的絕命詩，可以說是對湖北革命志士敢於戰鬥不怕犧牲的精神的一個詮釋。

行刑前的楊洪勝

朱子龍像

4.荊楚文化具有的艱苦創業的實幹精神,滋潤著湖北革命志士腳踏實地積蓄反清革命力量。

楚國從一個處草莽彈丸之地的蕞爾小國，發展為春秋五霸和戰國七雄中的赫赫有名大國，離不開艱苦創業的實幹精神。「篳路藍縷以處草莽」，或「篳路藍縷以啟山林」，就是這種精神的寫照。「篳路」，是用荊山的荊條編的柴車；「藍縷」，是破爛的衣服；「以處草莽」和「以啟山林」意思相同，講的是開墾。這就是楚人草萊初創時期的清苦生活。文獻記載「跋涉山林以事天子」，說的就是早期楚君執政時的情況。楚國強大以後，仍繼承弘揚這一艱苦創業的實幹精神。稱霸中原的楚莊王，常向國人「訓之以若敖、蚡冒，篳路藍縷以啟山林」。可以說「篳路藍縷」作為一種傳統融入楚民族的血液，代表著楚民族的艱苦創業的實幹精神。

　　湖北革命志士在從事反清革命的活動中，一個顯著特色，就是恥聲華，厭標榜，木訥質直，腳踏實地，埋頭苦幹，扎扎實實，搞好宣傳組織工作，運動會黨和新軍，為反清革命積蓄力量。與那些「高談革命，實則於學理、時勢茫然十不知一，唯為新潮流所刺激，似不談革命不得謂文明也」的知識份子所不同，他們身體力行，脫下長裝，深入到普通工人農民中間，展開宣傳教育工作。他們「投筆從戎，不以蒼頭為恥。甚或累年不遷，亦安之若素。遇有風潮，則易名再入他營。極少以從軍為終南捷徑，借黨勢謀飛騰者」。透過「投筆從戎」、「入虎穴取虎子」，深入隊伍，長期潛伏，對廣大士兵進行深入、艱苦的宣傳和組織工作，在新軍中大力發展組織。終於成就了震驚中外的首義壯舉。誠如湖北革命黨人張繼煦在《湖北學生界》創刊號《敘論》中所說：「庸知夫中國將來不為地球一強國，吾楚不為文明之中心點，而斯報不為啟山林之篳路藍縷也。」

二、愛國主義精神的弘揚

　　參加武昌首義的革命黨人和廣大士兵，無不是抱著熾熱的愛國主義和民族革命的激情投身於這場革命的。為推翻清朝封建統治，救亡圖存，振興中華，他們拋頭顱、灑熱血、捨生忘死。這一愛國主義精神像一根紅線，貫穿在辛亥首義精神之中，辛亥首義精神正是愛國主義精神的弘揚和集中體現。

　　愛國主義是千百年來形成並固定下來的對自己祖國的一種最深厚的感情。「在我國歷史上，愛國主義從來就是動員和鼓舞人民團結奮鬥的一面旗幟，是各族人民共同的精神支柱，在維護祖國統一和民族團結、抵禦外來侵略和推動社會進步中，發揮了重大作用。」中華民族是富有愛國主義光榮傳統的偉大民族。近代以來，中國社會淪為半殖民地半封建社會，中華民族承受帝國主義和封建主義的雙重壓迫，遭遇了極大的民族災難。外患內憂的社會現實、中國優秀傳統文化的承傳、西方近代文化的影響——正是在這樣一個廣闊而深刻的歷史背景下，中華民族愛國主義傳統得到了空前的弘揚，中華民族愛國主義思想拓展深化。人們在愛國、救國和強國偉大旗幟的感召下，或血戰沙場，為國捐軀；或敞開胸襟，放眼世界；或經世致用，師夷制夷；或勵精圖治，變法圖強；或折衝樽俎，力爭主權；或外爭利權，實業救國；或啟迪民智，教育救國；或改革文藝，激勵民氣；或移風易俗，改造社會；或武裝起義，重造中華……這一時期的愛國主義在廣度和深度上都是前無古人的。它以高起點的愛國境界，範圍廣泛的社會參入，此起彼伏的愛國鬥爭，更新快的思想觀點，以及深層的歷史哲學性，鮮明的實踐操作性，強烈的憂患意識，形成了極為鮮明的特色。這其中，辛亥革命時期湖北革命志士的愛國主義精神有著以下幾個特點：

一是「愛其國家如愛生命」，把自己的前途和命運，與國家、民族的前途和命運緊密地聯繫在一起。

「我生我國，我愛我國，我國強即我之強，我國孱即我之孱，我國為人主人，我亦主人，我國為人奴隸，我亦奴隸。國不積我之一分以為多分，則不可以為國；我不藉國之多分以護我一分，則不能有我；我與國實相顧而不可一日離者也。」「愛其國家如愛生命。」《錢江李書城與友人書》中的這番話，可以說是湖北革命志士這方面的一個縮影。一些留學海外的湖北籍學子，對祖國更加思戀。「越在異國受外界之激刺而動其內部之感情，其腦質中無人不印有一中國在，且無人不思有所以效其力於中國者在。」他們瞻望中國，痛外患之日亟，憂內部之腐敗不堪設想，渴望「我國民自由獨立之國旗，高颺於燦爛莊嚴之新世界」。

二是對祖國愛之深而責之切，有著強烈的民族使命感和責任感。

「中國土地人口，為各國所不及，吾儕生在中國實為幸福。各國賢豪，欲得中國之舞台者利用之而不可得。吾儕既據此大舞台，而反謂無所措手，蹉跎歲月，寸功不展，使其絕好河山，……至今無有能光復之而建一大共和國以表白於世界者，豈非可羞之極者也？」這是1905年夏天，孫中山在日本東京中國留學生歡迎大會上演說中的一段話。它既是孫中山對祖國愛之深而責之切的展現，也反映了湖北革命志士的心聲。他們說「亡國之禍患不能知之，知之而不思所以救之，是真亡國之魁賊也」，要以「一蚊一虻之勞」為國出力。他們把愛國與愛鄉緊密結合起來，成立「留日學生湖北同鄉會」，設立調查部，對本省政治、經濟、文化乃至軍事等社會歷史狀況進行調查，作為策劃地方革命活動的依據。同時，在他們的視野和思想中，「國」不再是據有荊山漢水的「萬乘」之楚，「鄉」也不僅僅指洞庭湖南北之地，他們的眼光包含了全中國與全

世界，認識到「今日之世界，非競爭風潮最劇烈之世界哉？今日之中國，非世界競爭風潮最劇烈之漩渦哉？」因而主張「固內界之團結」，希望中國國內各民族各省區結成「充實」、「團結」之整體，以實現「對外界之競爭」，「知非合群策群力結一大團體，斷不能立於競爭生存之惡風浪中」。俄軍強駐東北，他們積極參與拒俄運動，成立拒俄義勇隊，準備開赴疆場，在湖北的學生亦積極回應，舉行罷課，「痛斥清政府辱國喪權」。他們積極做「促睡獅之猛醒」的工作。「現在禍在眉睫，應該醒來，應該覺悟，早想挽救之法，以免永為人之奴隸牛馬。」大力向國人進行愛國主義宣傳教育，提高國人的愛國主義覺悟，把蘊藏在人民群眾之中的愛國激情變為實際行動。武漢的一大批青年學生和新軍士兵，就是透過愛國主義宣傳教育，走上了反清革命道路，為反清革命而勇於獻身。

　　三是把愛國與反清革命建立共和緊密相結合。

　　湖北的各個革命團體，「皆以崇奉孫先生之三民主義，推翻清朝專制，建立中華民國為唯一宗旨」。以愛國主義思想來動員，「舉孫中山的三民主義相號召」，把反清與救亡聯繫起來，與建立共和聯繫起來，賦予了愛國主義思想新的時代內容。其一，愛國與忠君和忠於封建王朝相對立。在中國歷史上，不少愛國者的思想是與封建忠君思想或對封建王朝的忠誠獻身精神混合在一起的，或者說，兩者互相滲透，互為表裡。而湖北革命志士在孫中山革命思想的指導下，認識到要愛國就必須推翻腐敗無能、賣國求榮的封建清王朝。如果愛國是為了維護封建清王朝的統治，其所謂愛國，「非愛國也，實害國也」。因為清朝政府不惜「量中華之物力，結與國之歡心」，成為「洋人的朝廷」和看家護院的走狗，「幾如塚中枯骨」。「清廷是中國復興的障礙，愛國志士要救亡圖存，必須首先推翻清廷。」不推翻清政府，「中國是沒有前途的」。「驅除韃虜，恢復中華」，愛國主義首先表現為民族主義，也就易於為人們所理解，也就與歷史上愛國與忠君和忠於封建王朝相對立。其二，

愛國「革命其可免乎！」自1894年孫中山成立興中會從事反清革命到1911年武昌起義爆發的17年中，雖然曾出現過戊戌變法和立憲運動這樣的資產階級改良主義者所領導的政治改革運動，但由於封建君主專制制度根深蒂固和清朝統治者頑固不化，均以失敗而告終。在此期間，以孫中山為首的革命派與康有為為首的保皇派，就「反清」與「保皇」、「革命」與「改良」等問題展開大論戰，革命派以三民主義為武器，把保皇派所謂革命會造成中國「天下大亂」和「亡國滅種」的後果等謬論駁得體無完膚。歌頌革命是「啟迪民智，除舊布新」的良藥。革命派旗幟鮮明的革命言論，澄清了是非，推動了革命形勢的發展。人們越來越認識到，孫中山領導資產階級民主革命的重要性和緊迫性，以革命的方式改變舊有政治制度的必要性。不經過革命，就不能消除長期阻礙中國發展進步的極端腐朽落後的封建制度，就無從根本改變中國貧窮落後的這一半殖民地半封建社會狀況。正如鄒容在《革命軍》一書中所說：「嗚呼！我中國今日不可不革命。我中國今日欲脫滿洲人之羈縛，不可不革命。我中國欲獨立，不可不革命。我中國欲與世界列強並雄，不可不革命。我中國欲長存於二十世紀新世界上，不可不革命。我中國欲為地球上名國，地球上主人翁，不可不革命。」「革命革命，得之則生，不得則死。毋退步，勿中立，毋徘徊，此其時也！」愛國「革命其可免乎！」的呼聲，播揚於中國廣袤的大地，成為時代的主流。其三，愛國是為了推翻帝制，建立共和。湖北革命志士遵循孫中山的三民主義革命思想，發動武昌起義，「捨得一身剮，敢把皇帝拉下馬」，建立資產階級共和國，是件非常了不起的事情。在中國歷史上，幾千年來多少次波濤洶湧的農民運動和農民戰爭，不是取皇帝以自代就是仍然護擁原先的皇帝。就當時世界範圍來說，主要資本主義國家，除法美兩國外，英國、日本、德國、義大利、奧匈帝國、沙俄等等無一不保留著君主制度。而孫中山對「中國幾千年專制之毒而不解」深惡痛絕，曾明確宣告：「我

們推翻滿洲政府，從驅除滿人那一面說，是民族革命，從顛覆君主政體那一面說，是政治革命，並不是把它分作兩次去做。講到那政治革命的結果，是建立民主立憲政體。照現在這樣的政治論起來，就算漢人為君主，也不能不革命。」宣稱「中華民國主權，屬於國民全體」。旗幟鮮明地提出了建立民主共和體制和發展資本主義的奮鬥目標，表明了當時愛國主義思想所達到的境界高度。

三、同盟會領導起義的演進

辛亥武昌起義及其首義精神，是孫中山領導的同盟會反清武裝起義的演進。

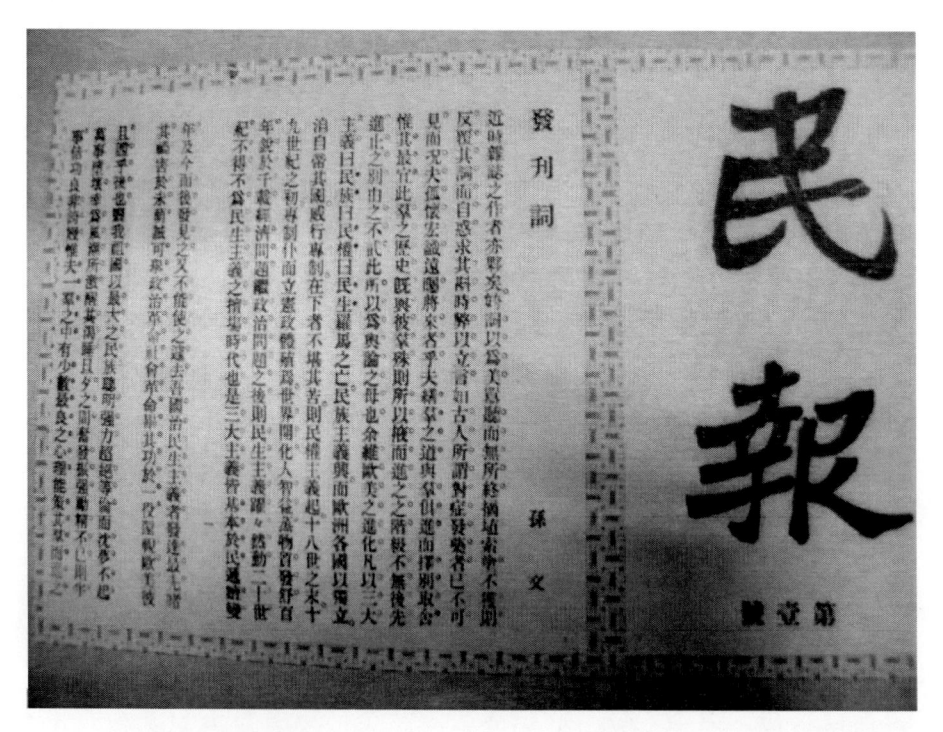

《民報》發刊詞

1894年6月，孫中山北上天津，上書李鴻章，提出「人能盡其才，地能盡其利，物能盡其用，貨能暢其流」的治國方略，指出「此四事者，富強之大經，治國之大本也」，「以中國之人民財力，而能步武泰西，參行新法，其時不過二十年，必能駕歐洲而上之」。上書李鴻章失敗後，原本也贊成「以和平之手段、漸進之方法請願於朝廷，俾行新政」的孫中山，經過現實的教育，方知「和平方法，無可複施」，「積漸而知和平之手段不得不稍易以強迫」，由此走上了反清革命的道路。同年11月，孫中山在美國檀香山建立了中國最早的資產階級革命團體興中會，提出了「驅除韃虜，恢復中華，創立合眾政府」的革命綱領，並於第二年十月密謀在廣州起義，因事洩，未起失敗。1900年10月領導惠州三洲田起義失敗。1904年華興會領導人黃興等擬定11月在長沙發動起義，因事洩而失敗。同年孫中山發表《中國問題的真解決》一文，指出只有推翻清朝政府的統治，「以一個新的、開明的、進步的政府來代替舊政府」，「把過時的滿清君主政體改變為『中華民國』」，才能真正解決中國問題。表明以孫中山為首的資產階級革命派在踏上革命道路之時，就高舉起民主革命的旗幟，並選擇了以武裝起義推翻清王朝統治的鬥爭方式。1905年8月，孫中山、黃興、宋教仁等人，在日本東京創建全國性的資產階級政黨———中國同盟會，孫中山被推舉為總理，他所提出的「驅除韃虜，恢復中華，創立民國，平均地權」的革命宗旨被採納為同盟會綱領。在同盟會機關報《民報》發刊詞中，孫中山首次提出民族、民權、民生三大主義。同年秋冬間，孫中山、黃興、章太炎共同制定《革命方略》，其主要精神是組織國民軍，推翻清王朝，建立共和國。

　　從1906～1911年，孫中山、黃興與同盟會等組織在各地發動了十多次武裝起義。如1906年12月江西、湖南邊界萍（鄉）、瀏（陽）、醴（陵）起義，1907年5月潮州黃岡起義，1907年6月惠州七女湖起義，1907年7月光復會領導的皖、浙起義，1907年9月

防城起義，1907年12月鎮南關起義，1908年3月欽州馬篤山起義，1908年4月雲南河口起義，1908年11月安慶新軍馬炮營起義，1910年2月廣州新軍起義，1911年4月廣州黃花崗起義。這些起義，秉承同盟會的革命綱領，以推翻封建清朝統治、建立共和國為目的，有的直接打出「中華民國」和「中華國民軍」的旗號。由於餉械接濟不足，起義軍勢單力薄，孤立無援等，在清軍的強勢鎮壓下，均告失敗，許多革命志士獻出了年輕的生命。這些起義，給清政府以沉重打擊，造成廣泛的影響。其中廣州黃花崗起義，是同盟會領導的影響最大的一次武裝起義，烈士們的義舉，震驚世界。起義中，黃興親率敢死隊120餘人，肩纏白布，手持槍械炸彈，猛攻督署，擊斃衛隊，擒殺管帶，兩廣總督張鳴岐穴牆逃走，起義軍焚燒督署後退出，與前來增援的大隊清軍展開激烈巷戰。終因孤軍作戰，傷亡甚重，奮戰一晝夜被清軍擊敗。革命黨人大部犧牲，七十二烈士的遺骸被葬於黃花崗，故是役史稱「黃花崗起義」。孫中山曾以萬分沉痛的心情總結了這次起義的壯舉：「是役也，碧血橫飛，浩氣四塞，草木為之含悲，風雲因而變色。全國久蟄之人心，乃大興奮。怨憤所積，如怒濤排壑，不可遏抑，不半載而武昌之大革命成。則斯役之價值，直可驚天地、泣鬼神，與武昌革命之役並壽。」（黃花崗烈士事略序）

　　黃花崗起義失敗後不到半年，震驚中外的武昌起義爆發，起義的第二天，湖北革命黨人發出布告，講述起義緣由，全文如下：

中華民國軍政府鄂軍都督黎布告

今奉軍政令，告我國民知之：

凡我義師到處，爾等不用猜疑。

我為救民而起，並非貪功自私。

救爾等出水火，補爾等之瘡痍。

爾等前此受虐，甚於苦海迷途。

只因異族專制，故此棄爾如遺。

須知今滿政府，並非我家漢兒。

縱有衝天義憤，報復竟無所施。

我今為此不忍，赫然首舉義旗。

第一為民除害，與民戮力馳驅。

所有漢奸民賊，不許殘孽久支。

賊昔食我之肉，我今寢彼之皮。

有人激於大義，宜速執鞭來歸。

共圖光復事業，漢家中興立期。

建立中華民國，同胞其毋差池！

士農工商爾眾，定必同逐胡兒。

軍行素有紀律，公平相待不欺。

願我親愛同胞，一一敬聽我詞。

　　這份布告，是孫中山領導的同盟會在日本東京預擬的一份文告，只不過改換了題頭。這是用「中華民國」字樣頒布的第一張布告，布告充分體現了同盟會的革命綱領。與此同時，湖北軍政府頒布了具有資產階級民主憲法性質的《中華民國鄂州約法》，宣布廢除一切苛捐雜稅，實行司法獨立、公開審判、改革財政、維護實業等措施。這些工作大體上都是按照同盟會早就規定的「革命方略」進行的。

四、孫中山革命思想的指引

　　武昌首義爆發和成功，是在孫中山領導的資產階級民主革命長期鬥爭的基礎上和深刻影響下發生和取得的，其辛亥首義精神的形成得到了孫中山革命思想的指引。

　　1.孫中山的革命思想，影響了湖北地區最早的資產階級知識份子。

　　孫中山是民主革命的先行者，湖北地區最早的資產階級知識份子——留學生，在他的革命思想啟迪下，走上了革命的道路。1898年，孫中山在日本會晤了湖北留日學生吳祿貞、傅慈祥等人，向他們講述革命的道理，這是孫中山接觸湖北知識份子的肇始。張難先在《湖北革命知之錄》中這樣寫道：「1898年春天，國父孫中山從歐洲到日本運動革命，祿貞同永建、慈祥等，便同時受了革命洗禮，……祿貞以後的事業，可以說是奠基於這個時期。」留日學生劉成禺、李書城等也是在與孫中山接觸後，走上了革命道路。李書城回憶說：「我們與湖北最早先派出的學生戢翼翬、劉成禺、程家檉等接觸以後，知道他們曾在孫中山先生居住日本時，同先生見過面，聽過孫先生講述革命排滿的道理。」「我們覺得清廷是中國復興的障礙，愛國志士要救亡圖存，必須首先推倒清廷，因而都認為孫先生主張排滿革命是對的。」湖北留日學生接觸了孫中山後，在他革命思想影響下，創辦了鼓蕩革命思想的雜誌《湖北學生界》，成立了以愛國愛鄉為己任的「留日學生湖北同鄉會」，透過在上海創辦的經營書報的昌明公司，祕密向中國國內輸入革命書刊《猛回頭》、《警世鐘》、《湖北學生界》等，宣傳革命思想。

　　以湖北留學生為主幹組成的歐洲同盟會，是在孫中山直接領導

下建立的。這批留學生多來自武昌花園山聚會被清方偵破解體的進步青年，他們在比利時首都布魯塞爾與孫中山相見。孫中山向留學生講述了三民主義基本精神，聽取了自立軍在漢口起事失敗的經過，深感會黨力量不易掌握，遂決定在留學生中進一步發展革命勢力，於是成立了歐洲同盟會。

孫中山1905年春在法國巴黎與諸同志合影

　　孫中山的革命思想，影響了湖北地區的留學生。誠如張難先所說：「派赴東西各國留學吾鄂人士，始有親炙總理（孫中山）之機會矣，……一聞總理之主義及計畫，傾誠歸向，如七十子之服孔子，聞教之後，即偕吾鄂留學生，標示革命，傳播江滸。」湖北地區留學生回國後，他們有的創辦報刊，喚醒國人；有的組織團體，聯絡同志；有的投筆從戎，運動軍隊；有的致書鄉人，廣為發動。經過長期不懈的艱苦努力，為武昌起義及其勝利，演繹了一幕又一幕的悲壯劇。

2.孫中山關心和支援湖北地區革命組織的發展壯大,其革命思想深入人心。

歐幾羅在日知會演講

湖北地區革命組織的發展壯大,離不開孫中山的關心和支援,在組織上、思想上、政治上與孫中山都有聯繫。孫中山把對這些組織的關心和支援,視為整個革命事業的一個部分。1904年7月,在孫中山的革命同仁黃興、宋教仁的影響和支持下,湖北最早的革命組織「科學補習所」成立,是黃興為總理的華興會在鄂的分部。科學補習所被破壞後,繼而成立的「日知會」,在組織上與同盟會發生了聯繫,在政治上接受孫中山領導,「表面仍稱日知會,內容實為同盟會」了。日知會在從事革命活動期間,孫中山還曾派黃岡人吳昆偕同法國人歐幾羅來漢聯絡。孫中山說:「武漢新軍,自予派法國武官聯絡之後,革命思想,日日進步。」成立於日本的共進會,是同盟會的支派,按孫中山、黃興等人的觀點,「湖北共進會

不過是同盟會的具體化，同盟會把湖北革命事業當做一體考察」。它的宗旨與同盟會是一樣的，「共進會員以同盟會宗旨為宗旨，同盟會總理為總理」。所不同的是把同盟會「平均地權」的口號改為「平均人權」。正如湖北共進會領導人孫武所說：「我們是同盟會系統的，直屬東京本部領導。」孫武還聲稱自己是孫文（孫中山）的弟弟。而文學社以「同盟會的黨綱為黨綱」，「以推翻清朝建立民國為宗旨，舉孫中山的三民主義相號召」。文學社雖沒有和東京同盟會總部取得聯繫，但和中部同盟會發生了關係。中部同盟會也是「奉東京本部為主體，認南部分會為友邦」。1908年蘄春查光佛以同盟會會員的身分來湖北進行革命活動，據陳孝芬說：「乃介紹我入同盟會，並請孫中山先生給我和黃駕白以大都尉軍銜，以我為馬隊總代表。我們開會地點多在蘄春學社（即現在武昌鼓樓洞東面半山上）和洪山寶塔最高層。我們的計畫是要把革命思想帶到每個部隊中去，從而把種族革命的力量統一在同盟會的領導下面。」

　　孫中山在關心和支援湖北地區革命組織發展壯大的同時，他的革命思想亦深入人心。湖北革命黨人張難先曾這樣說：「鄂人因庚子漢口之大流血如夢方醒；……熱烈之志士，時時有一中山先生印象，盤旋牢結於腦海，幾欲破浪走海外從之，不能得，則如醉如癡，甚至發狂。」辛亥首義老戰士高震中回憶說：士兵「朝夕議論的是，如何實行革命，發展組織，推翻專制王朝，擁護孫文革命主張等」。另據吳兆麟回憶：「部下士兵因在上者都因循不管，遂明目張膽愈演愈烈，發出十六字誓言，逢人宣傳。茲將十六字誓言抄錄如下：『驅除韃虜，恢復中華，推翻專制，建立民國』。自八月初二以後，革命風潮極大，漢口報紙宣言革命黨聯絡營兵共同起事。」彭、劉、楊三烈士英勇就義時，還高呼「孫中山和未死同志萬歲！」孫中山的革命思想深深印在起義戰士的心中。

　　3.孫中山重視武漢九省通衢的戰略地位，曾多次謀劃在武漢舉事和響應。

1894年6、7月間，孫中山「偕陸皓東遊北京，窺清廷虛實，凱旋轉道溯長江，深入武漢一帶，觀察山川形勢，預為他日革命發難之圖」。1900年義和團運動爆發時，孫中山在日本鐮倉召集會議，決定在長江、珠江流域起兵，並派史堅如赴長江聯合會黨，後唐才常領導的自立軍在漢口起事失敗。1905年同盟會成立不久討論革命戰略，孫中山談到：「至於選擇革命基地，則北京、武漢、南京、廣州等四地……武漢縮轂南北，控制長江上下游，如能攻占，也可據以號召全國。」1906年12月萍瀏醴起義時，孫中山派胡瑛、朱元成、梁鐘漢來漢，與日知會商量回應起義。1911年初孫中山、黃興發動廣州起義，派譚人鳳等到武漢，聯絡長江中下游革命力量回應。廣州起義失敗後，革命黨人把武裝起義的戰略重心轉向兩湖地區，特別是武漢。1911年夏，宋教仁、譚人鳳、陳其美設立同盟會中部總會，謀劃在長江流域發難。武昌起義前，湖北革命黨人派居正、楊玉如到上海向譚人鳳、宋教仁、陳其美彙報起義的準備情況，並留書黃興（一說黃興在香港聽取了居正彙報）。黃興看後非常興奮，即刻電報在美洲活動的孫中山先生。電報陳述了這麼幾點：

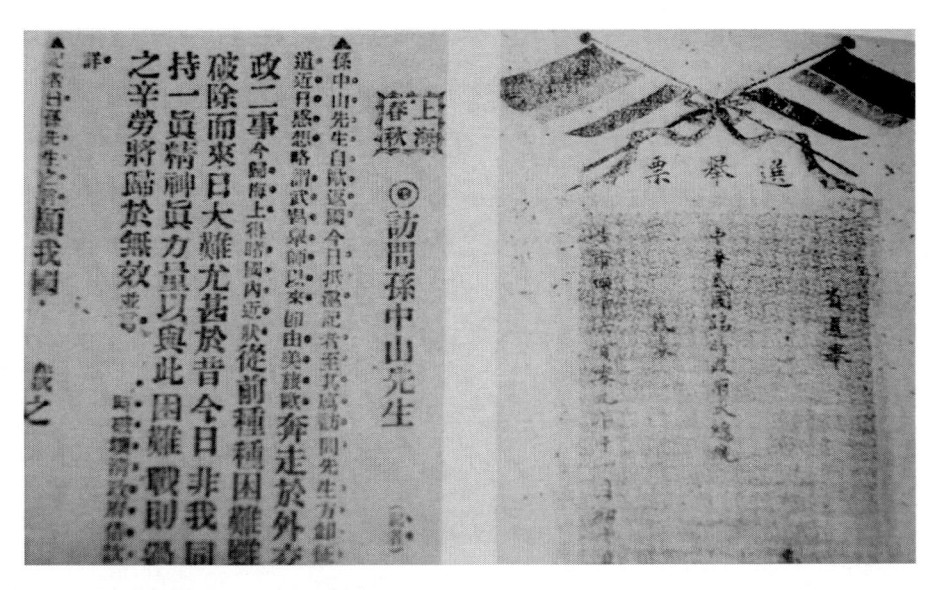

孫中山回到上海的報導

　　一是肯定湖北黨人的報告：「頃據鄂代表居正所雲鄂新軍運動，實確有把握。」二是講以武漢形勢論確有優勢：「今漢陽之兵工廠既歸我有，則彈藥不慮缺乏，武力自足與北部之兵力敵。長江下游，亦馳檄可定，沿京漢鐵路以北伐，勢極利便，以言地利亦足優為。」三是說以武昌為中心大事可成：「今既有如此之實力，則以武昌為中樞，湘粵為後勁，寧、皖、陝、蜀亦同時回應以牽制，大事不難一舉而成也。急宜乘此機會，猛勇精進，較之徒在粵謀發動者，事半功倍。」四是提出對武昌起事要大力支援：「據居君所雲，勢在必行，即無外款接濟，鄂中同志不論如何竭絀，亦必擔任籌措，是事成騎虎，欲罷不能。吾人體會內地同志經營之艱苦，急宜設法籌鉅款以助之，使得有寬裕籌備，不致艱難從事，歸於失敗，徒傷元氣，不勝切禱之至。」孫中山先生接到電文，充分肯定了這次起義的重要性，積極籌款。10月12日，在美國北部科羅拉多州籌款的孫中山，從報紙上看到「武昌為革命黨占領」的消息，異常興奮，他的心飛向祖國，飛向首義之區武漢。為了爭取國際上

的支持，他在歐美奔走周旋，12月25日回到上海。

正是由於孫中山與湖北地區的革命黨人和組織有著這樣那樣的聯繫，他的革命思想深入人心，成為革命者心目中的最高領袖，人們把他比作華盛頓。武昌起義時孫中山雖不在武漢，但武漢革命黨人仍以中華民國軍政府大總統孫文的名義發出布告，闡述革命根由，號召人們同心協力，推翻清政府，建立共和國；「武昌革命軍為奉孫逸仙命令而起者，以建共和國體，其首任總統，當屬之孫逸仙」。「沒有中山先生預為奔走呼號，預為祕密運動」，武昌起義就難於成功，各省回應亦不會如此迅速。孫中山曾說：「武昌之起事，第一日則揭櫫吾名，稱予命令而發難者。」也正是由於武昌首義爆發和成功，是在孫中山領導的資產階級民主革命長期鬥爭的基礎上和深刻影響下發生和取得的，武昌起義把孫中山和武漢緊緊連接在一起。孫中山辭去臨時大總統後，在各省邀請他訪問的函電如雪片飛來，「函電盈尺」的情況下而首訪武漢。孫中山對「武漢首義之地，心馳已久」，來漢懷有三感情：「一則調查戰績，憑弔忠魂，即對我武漢軍人之感情；二則傷痛瓦礫，督促建築，即對於我武漢商人之感情；三則哀念流離，撫恤瘡痍，即對於我一般國民之感情。」概而言之，就是孫中山《致武漢報界聯合會函》中所說，「慰百戰之辛勞，謀建設之端緒」。

五、辛亥首義精神的發展延伸

作為推動社會歷史前進的一種強大動力、鼓舞人們團結奮鬥的辛亥首義精神，是不會也不可能隨著辛亥革命的結束而結束終止的，而是隨著社會和歷史的發展而發展延伸的。誠如孫中山在《臨時大總統宣言書》中所說：「十餘年來，從事於革命者，皆以誠摯純潔之精神，戰勝所遇之艱難。即使後此之艱難遠逾於前日，而吾

人唯保此革命之精神，一往而莫之能阻。」辛亥首義精神的發展延伸表現在兩個方面：一是孫中山堅持革命，反對妥協，堅持前進，反對後退，為他所領導的革命事業奮鬥不息。二是中國共產黨是孫中山革命事業的繼承者，完成了辛亥革命未竟事業。下面從這兩個方面作一闡述。

孫中山把辛亥首義精神中的頑強拚搏、愈挫愈奮，發展成為百折不撓、堅韌不拔地與封建軍閥鬥爭到底。

袁世凱篡奪辛亥革命果實後，實行獨裁專制，排擠打擊革命黨人，「革命黨名義取消，中華民國即為官僚武人所摧殘」，「名雖為民國，實為官僚國」。為反對袁世凱的獨裁專制，捍衛共和制度，1912年8月，以孫中山領導的同盟會為基幹，聯合統一共和黨、國民共進會、共和實進會、國民公黨等，組成公開議會鬥爭的國民黨，準備建立責任內閣制以削弱袁世凱的集權。這種主張當然為袁世凱的獨裁專制所不容。1913年3月袁使盡陰謀指示同黨暗殺了主張建立責任內閣制的宋教仁，激起革命黨人的反抗。孫中山高舉反袁大旗，發動「二次革命」，興師討袁。1914年7月孫中山在日本東京改組國民黨為中華革命黨，宣布「以實行民權、民生兩主義為宗旨」，「以掃除專制統治，建設完全民國為目的」，決心以武力推翻北洋軍閥的獨裁統治。1915-1916年孫中山領導護國戰爭，反對「洪憲帝制」。1917年為恢復國會和《臨時約法》，孫中山在廣州發動護法運動，討伐段祺瑞。孫中山百折不撓、堅韌不拔地與封建軍閥鬥爭到底。他窮畢生之力，「精誠無間，百折不回，滿清之威力所不能屈，窮途之困苦所不能撓。吾志所向，一往無前，愈挫愈奮，再接再厲」。對於這種奮鬥不息的革命精神，魯迅在《孫中山先生逝世後一周年》一文中熱情稱頌說：「中山先生一身歷史具在，站出世間來就是革命，失敗了還是革命；中華民國成立之後，也沒有滿足過，沒有安逸過。仍然繼續著進向近於完全的革命的工作。」

孫中山把包括辛亥首義志士在內為之奮鬥的「三民主義」，發展成為以「聯俄聯共扶助農工」三大政策為中心內容的新三民主義。

包括辛亥首義革命志士在內的無數革命志士，所奮鬥的目標是孫中山的「三民主義」，即民族、民權和民生三大主義。然而，「拼將十萬頭顱血，須把乾坤力挽回」的先烈們萬萬沒想到，革命的結果卻是「無量頭顱無量血，可憐購得假共和！」為了「竟辛亥之功」，為了挽救民主共和制度，孫中山先後領導了「二次革命」、「護國」和「護法」等重大鬥爭，結果不僅全盤落空，而且每況愈下。孫中山懷著沉痛的心情回顧辛亥革命後七年的歷史說：「夫去一滿洲之專制，轉生出無數強盜之專制，其為毒之烈，較前尤甚。於是而民愈不聊生矣！溯夫吾黨革命之初心，本以救國救種為志，欲出斯民於水火之中，而登之衽席之上也；今乃反令之陷水益深，蹈火益熱，與革命初衷大相違背者，......午夜思維，不勝痛心疾首！」處於一度彷徨苦悶的晚年孫中山，在中國共產黨和蘇聯的誠懇幫助下，經過五四運動，思想有了新的認識，實現了他一生最深刻的革命轉變。1924年1月，孫中山主持召開中國國民黨第一次全國代表大會，對三民主義作了重新解釋：把民族主義解釋為對外反對帝國主義，對內求得各民族平等；民權主義要建立一般平民所共有，非少數人所得而私的民主政治；民生主義以平均地權（實行耕者有其田）和節約資本為中心。並把「聯俄、聯共、扶助農工」（這八個字，雖不是孫中山的原話，卻是他的原意）三大政策作為新三民主義中心內容。三大政策是孫中山的重要政治主張，是他宣導的民族民主革命從屢受挫折轉向成功、進而取得顯著成就的正確道路。孫中山改組國民黨，允許中國共產黨加入國民黨，實行了國共第一次合作。新三民主義和國共兩黨的首次合作，促使國民革命出現了前所未有的新高漲。誠如鄧小平所說：「孫中山開始就想學習西方，所謂西方即資本主義。後來，孫中山覺得資本主義西

方不行了，提出『以俄為師』，學習十月革命後的俄國，開始了國共合作，導致北伐戰爭的勝利。」

國民黨一大舊址

中國共產黨繼承孫中山的革命事業，完成了辛亥革命未竟事業。

孫中山是偉大的革命先行者，「現代中國人，除了一小撮反動份子以外，都是孫先生革命事業的繼承者」。中國共產黨是孫中山革命事業的繼承者，完成了孫中山生前未能完成的民主革命。中國共產黨團結帶領全國各族人民，推翻了壓在中國人民頭上的三座大山———帝國主義、封建主義和官僚資本主義，並且相繼實現了從半殖民地半封建社會到民族獨立、人民當家做主新社會的歷史性轉變，從新民主主義到社會主義的歷史性轉變，從社會主義到中國特色社會主義的歷史性轉變。特別是改革開放以來，中國共產黨團結

帶領全國各族人民在中國特色社會主義道路上開拓前進，取得了舉世公認的偉大成就，中國的面貌發生了舉世矚目的深刻變化。孫中山所憂慮重重的舊中國積貧積弱的狀況已經一去不復返了，所念茲在茲的中國人民的生活已經發生了翻天覆地的變化，所魂牽夢縈的中國現代化的理想正在逐步實現，中華民族偉大復興的光輝前景已經展現在我們面前。孫中山和無數革命志士所期盼的「一旦我們革新中國的偉大目標得以完成，不但在我們的美麗的國家將會出現新紀元的曙光，整個人類也將得以共用更為光明的前景。普遍和平必將隨中國的新生接踵而至，一個從來也夢想不到的宏偉場所，將要向文明世界的社會經濟活動而敞開」已逐步成為現實。同時，我們也必須清醒地看到，中國人口多、底子薄、發展很不平衡，正處於並將長期處於社會主義初級階段，實現現代化，實現中華民族的偉大復興，需要我們繼續進行長期的艱苦奮鬥。我們要銘記孫中山先生等革命先輩振興中華的夙願，繼續把幾代中國人為之吶喊、為之奮鬥、為之流血犧牲的民族復興偉業推向前進。

第六章　辛亥首義精神的歷史作用

　　1911年的10月10日，震撼世界的武昌城頭槍炮聲的硝煙雖早已散去，但由這槍炮聲而引發的一場席捲中國大地的偉大變革、開創了中國歷史的新紀元的偉大歷史功績，卻永遠彪炳歷史史冊，使人民銘記；由辛亥武昌起義鑄造凝結的辛亥首義精神，成為激勵人們團結奮鬥、開拓創新、振興中華的一面旗幟，時光流逝、歷史的演進不僅沒能讓它失色，反而更加耀眼奪目。本章論述的便是辛亥首義精神的歷史作用。

一、辛亥首義精神推進了中國現代化的過程

　　近代中國現代化的過程，經歷了從學習西方科學技術的同治維新破產，到學習西方民主政治的戊戌變法曇花一現之後，社會急劇變化的發展和現代化的實踐使人們深刻認識到，不解決民族獨立和政治民主問題，不推翻日趨腐朽的清朝封建君主專制統治，國家不可能富強，現代化不可能向前推進，也不可能實現。這一任務歷史地由辛亥革命來完成。

　　以辛亥武昌起義為標誌的辛亥革命，就是要用暴力手段，推翻日趨腐朽的清朝封建君主專制統治，建立資產階級民主共和國，使中國真正實現現代化，它所體現的是一種革命精神。這種革命精神，「就是用暴力打破陳舊的政治上層建築，即打破那由於和新的生產關係發生矛盾而到一定的時機就要瓦解的上層建築」。這種革

命精神，正是辛亥首義精神的集中體現。「革命是歷史的火車頭」，革命就是解放生產力，辛亥首義精神推進了中國現代化的過程。

1.革命是近代中國走向現代化的推手

一個國家的現代化不是憑空發生的，而是以這個國家諸種前現代化條件為自己的起點。不同的起點，極大地影響著社會的具體面貌及其所遇到的問題。中國近代社會現代化的起步，是在國外殖民主義的侵略中斷了中國社會正常發展過程，中國國內尚沒有真正意義上的資本主義經濟關係，資產階級和無產階級尚未形成，社會處於半殖民地半封建狀態下開始的。這個起點，極大地影響著社會的具體面貌及其所遇問題，決定了中國的現代化從一開始就受到殖民主義和封建主義的阻礙，步履維艱，蹣跚行進。

從殖民主義來看，殖民者一方面楔入資本主義的先進文明，「它迫使一切民族——如果它不想滅亡的話——採用資產階級的生產方式，即變成資產者。一句話，它按照自己的面貌為自己創造出一個世界」；另一方面是要把殖民地「變成一個生產國對他們（指殖民者——引者）大有好處」，「絕不是要把封建的中國變成資本主義的中國」。近代以來，帝國主義列強的入侵，「就是把一個封建的中國變為一個半封建、半殖民地和殖民地的中國的血跡斑斑的圖畫」。這從鴉片戰爭後，帝國主義列強對中國一次又一次的侵略瓜分和簽訂的一系列不平等條約不難看出。

從封建主義來說，君主專制在中國延續了兩千多年，由於沒有經過新的經濟因素和階級力量的重大衝擊，又由於得到殖民主義、帝國主義侵略勢力的支持（儘管他們之間也有矛盾的一面），必然在社會生活中無不起著阻擋歷史前進的作用。這從同治維新的破產、戊戌變法的曇花一現和君主立憲的騙局可以找到答案。僅就君主立憲而言，君主立憲是以上層資產階級和一部分官僚為代表的立

憲派的政治現代化的理想模式，也是晚清政府迫於外逼內壓的形勢所實行改革的政治目標。客觀地說，清末「新政」對傳統體制確實作了一些切癰割瘤的手術。但總體看，清末「新政」很難說是真改革。它不是為了使中國實現現代化，而是為了對抗資產階級革命；它不是主動的改革，而是被動的調適，以期鞏固清王朝的統治；它以「皇族內閣」代替「責任內閣」（在13名大臣中滿族就有9人，其中皇族占7人），實行皇族集權；它缺乏誠意，立憲計畫如「一張悠長的不兌現的支票」。

　　當時任清廷商務大臣的盛宣懷為朝廷草擬致列強政府的信稿中，就曾奴顏婢膝地向帝國主義者表示：「敝國現議力行新政，正期圖報各大國之惠於後日。」出洋考察憲政的五大臣在回國後的奏摺中說，立憲有三大利：「皇位永固」、「外患漸輕」、「內亂可弭」。這些話明白地道出了清政府頒行「新政」的目的。正如西太后自己所說：「立憲一事，可使我滿洲朝基礎永久鞏固，而在外革命黨亦可因此消滅。」清政府在滅亡前，在罪詔中承認，數年來政改方案「皆有名無實」，「敷衍人民」。「此次變亂起源，其肇因雖有萬端，歸納言之，政治之無條理及立憲之假籌備所產生之結果。」實踐證明，即便清政府渴望向現代化的轉變，渴望中國的進步與發展，但這種轉變、進步與發展，需要保持在適度的範圍內，以不損害皇權和統治階級利益為前提。「若師而人之更衣冠，易正朔，則是得罪祖宗，斷不可行。」實踐亦告訴人們，「立憲者，決非現政府之所得成者也」。

13名「皇族內閣」，漢人只占4人，滿蒙大臣9人，其中7人為皇族，上圖由左至右分別為總理大臣慶親王奕劻、協理大臣那桐（滿族）、徐世昌（漢族）

因此，在20世紀初，像中國這樣飽受外侵內壓、經濟文化十分落後的半殖民地半封建國家，可以說除用暴力革命外，別無選擇。只有用暴力革命的手段去摧毀舊的上層建築，變革舊的生產關係，獲得民族的獨立和人民的解放，近代中國才有可能實現現代化。我們當然企望用平和的手段實現社會的進步，但在當時的中國是不可能實現的。回顧近代中國現代化的過程，同治維新給近代中國的工業撥動了機捩，戊戌變法點燃了資產階級民主化的火種，辛亥革命推翻了兩千多年的封建君主專制制度，建立民主共和國，解決了此前現代化過程中所沒有能亦不可能解決的關鍵問題。革命真正成為近代中國走向現代化的推手，打開了中國社會發展進步的閘門。

辛亥革命後，中國的民族工業得到了明顯的發展，尤其是1914年到1920年代初，被稱為民族工業發展的「黃金時期」。據統計，1912—1919年，新建廠礦600多家，到1920年，新增資本總額1.6萬億元，這8年的投資，相當於1912年以前50年間投資額的總和。1913年，中國使用蒸汽動力為4.3萬馬力，1918年增加1

倍，為8.2萬馬力，同時期全部機械動力也增加31倍多。民族資本占工農業總值，1913年為11%，1918年為18%。

漢口民族工業迅速發展

中國民族工業的迅速發展，是與辛亥革命為解放生產力和發展社會生產提供了前提條件分不開的。南京臨時政府成立後，社會上迅速掀起一個如火如荼的興辦實業的熱潮，對中國工業化的發展起到了推動作用。孫中山於民國創建伊始，主持制定了一系列獎懲工商業的法規法令，頒布了一些客觀上有利於社會經濟發展的法令和措施。據不完全統計，《東方雜誌》從1915年1月開設「法令」欄到1921年此欄結束止，共公布法令、章程、條例、規則、細則391件，這些法律條文涉及政治、經濟、司法、文化、教育及社會生活的各個方面。僅從經濟立法看，1912—1916年，即達86項之多。這些法律條文為民族經濟的發展提供了一定的政策、法律保障，創造了一定的社會環境。

需要指出的是，辛亥革命後，中國陷入了北洋軍閥統治時期軍閥混戰的局面，這並不是革命所導致的。其一，軍閥混戰是軍閥的封建本性所決定的。軍閥的存在是以原清軍的派系為基礎，他們對外投靠帝國主義，出賣民族利益；對內橫徵暴斂，殘酷地壓榨人民。為了擴大自己的實力，搶奪地盤，控制資源，發動戰爭，戰爭與軍閥便結下了不解之緣。其二，軍閥混戰是帝國主義互相爭奪瓜

分中國的反映。帝國主義根據各自的利益和勢力範圍，分別支持一派或幾派軍閥，作為維護各自在華利益的軍事工具，這就使得帝國主義各國的矛盾和軍閥各派系的矛盾交織在一起。軍閥各派系在各自主子們的支持下，為了各自的利益而連年不斷地混戰。誠如毛澤東所指出：「帝國主義和國內買辦豪紳階級支持著的各派新舊軍閥，從民國元年以來，相互間進行著繼續不斷的戰爭，這是半殖民地中國的特徵之一。」正是如此，我們說辛亥革命後軍閥的混戰割據，是中國半殖民地半封建社會的產物；中國封建勢力的統治，實在是太根深蒂固了！推翻它，消滅它，絕不是一兩次革命運動的衝擊所能完成的。

2.民主共和是20世紀初中國政治現代化的最佳選擇

思想的啟蒙和觀念的現代化，這是任何一個國家從傳統向現代化轉換過程中必經的階段和必需的基礎，特別對中國這樣一個具有幾千年封建歷史的國家來說，把長期束縛於封建主義精神枷鎖中的人們解放出來，並使其實現思想意識的現代化，更是走向現代化的必不可少的前提。因此，政治民主化無疑是一個國家是否真正步入現代化的基本標誌和必經之路。一個沒有政治民主化的國家，不可能是現代化的國家。辛亥首義所體現的革命精神，就是為推翻封建君主專制、建立民主共和國而奮鬥。

20世紀初，中國政治制度面臨三種選擇：即封建君主制、君主立憲制、民主共和制。封建君主制無論在理論上還是從中國政治的發展趨向上，都失去了繼續存在合理性和現實性。因為民主、憲政的大潮早已席捲全世界，封建君主制被越來越多的國家所否定。世界上率先富強起來的國家，不是實行君主立憲制，就是實行民主共和制。尚未富強起來的國家也已經看到，封建君主制是一個國家走向現代化的政治上的主要羈絆。而近代中國，封建主義與殖民主義相勾結，阻礙和鎮壓任何的革新運動，越來越制約著中國邁向現

代化，為中國人民所否定。正如有的學者指出：「近代以來，民主制度逐漸推廣，以致成為世界潮流。在19世紀，民主還是要是否實行、能否實行的問題；到20世紀，民主已是如何實行、如何改善的問題」。君主立憲制作為對20世紀初中國政治選擇的一種探索，在中國現代化過程中具有一定的意義，但如上所述，清末君主立憲只是一個騙局。立憲派沒有能力逼著清政府邁上現代化和救亡的道路，立憲運動也不可能真正導引出中國的政治現代化，戊戌變法的歷史已經證明了君主立憲制在中國行不通。君主立憲的結果是立憲派「其初恐清廷不憲，其繼憤政府假立憲，其後乃不欲出於和平立憲，而思以鐵血立憲。」對此孫中山早就明確指出；「自義和團戰爭以來，許多人為滿清政府偶爾發布的改革詔旨所迷惑，便相信那個政府已開始看到時代的徵兆，其本身已開始改革以使國家進步。他們不知道，那些詔旨只不過是專門用以緩和民眾騷動情緒的具文而已。由滿洲人來將國家加以改革，那是絕對不可能的，因為改革意味著給他們以損害。實行改革，……就會喪失他們現在所享受的各種特權。」

歷史的發展昭示了20世紀中國的政治選擇只能是民主共和制。這不僅因為民主共和制是革命的必然歸宿；而且因為革命派將立憲派所謂中國「國民惡劣」、「智力低下」，「民智未開」、「程度未逮」，沒有實行民主共和政治的能力等言論，駁得體無完膚。指出「中國，由於它的人民性格勤勞和馴良，是全世界最適宜建立共和政體的國家」。只有「興民權，改民主」，才是中國的唯一出路。中國國民自有顛覆專制制度、建立民主共和的能力；還因為「民主共和制是資本主義所能採用的最好的政治外殼」。

民國建立後，根據資產階級「自由平等」、「天賦人權」的原則，宣布人民享有選舉、參政等公權和居住、言論、出版、集會、信教自由等權利，各民族所享權利和所負責任，一視同仁。國民獲得了前所未有的政治權利。僅就人們最關心的選舉來看，1912年

全國大選中，登記選民近4200萬人，約占全國人口的10%。而1908年清政府進行資政院和諮議局選舉，有選舉權者僅占總人口的0.4%。根據「人皆可以為堯舜」的樸素思想，湖北漢川有一位自稱「神州大布衣」名叫向岩的人，發表一則《自請為公僕通告書》，自薦當總統：「若以岩為大總統，亦期之以十年，民國可必富，民國可必強，民國之風俗可必其淳美。」作為一介布衣，勇於自薦當總統，可以說明當時的社會已具備寬鬆和諧的民主氣氛。朱執信在憶當年民氣鼓蕩的情形時寫道：「當南京臨時政府同各省起義的政府，沒有受『威信』兩個字傳染的時候，的確是國民自己相信是主人翁，官吏自問沒有什麼威光。」民初全國報紙總數達500家，發行總數達4200萬份，平均每10人1份報紙。「讀報者雖限於少數人士，但報紙發表之意見，由公眾的或私人的議論，幾乎下等之苦力，亦受其宣傳。」民初「集會結社，猶如瘋狂，而政黨之名，如春草怒生，為數幾至近百」。據初步統計，民初出現的政黨與政黨性組織共312個。從1910年10月到1913年，號稱為黨、團、會社的新型團體，有682個。吳玉章回憶說：「試看武昌起義以後立即出現許多黨派，爭取參見政府，他們的活動在現在看來固然有許多是很幼稚的，但是不容否認，這是民主精神高漲的反映。」各政黨相互競爭，形成了競爭性政黨政治的格局。這一格局，改變了中國傳統政治的組織結構和政治行為，加速了中國政治現代化的過程。

　　以上所述不難看出，以辛亥武昌起義為標誌的辛亥革命，透過暴力革命的方式，一舉推翻了統治中國兩千餘年之久並已日趨腐朽的封建君主專制制度，建立資產階級民主共和國，為中國實現現代化開創了一個新的局面。辛亥首義精神，推進了中國現代化的過程。

二、辛亥首義精神打開了思想進步的閘門

辛亥武昌起義以推翻封建君主專制、建立民主共和國為目標，其所體現的革命精神，極大地促進了人們思想的解放，激發了人民的愛國熱情和民族覺醒，打開了思想進步的閘門。

眾所周知，封建君主專制在中國延續了兩千多年，成為中國衝破傳統走向近代的沉重負擔。在這種制度下，皇權思想是一個龐大的體系和殘酷的牢籠，任何懷疑、動搖封建君主專制制度及其意識形態的言行都被嚴禁。現在皇帝至高無上、神聖不可侵犯的地位都可以被推翻，那麼還有什麼陳腐的東西不可以懷疑、不可以打破？還有什麼能夠禁錮人們的思想呢？革命黨人在鼓吹和進行革命、推翻封建君主專制、建立民主共和國的同時，對緊緊禁錮著人們頭腦的封建專制主義的舊制度、舊思想、舊觀念、舊習俗，也進行了猛烈的衝擊。他們批判封建傳統的思想文化正統和權威的孔學和儒家學說，批判封建家族制度和封建的倫理綱常，主張家庭革命、女權革命等。這些批判，內容涉及政治制度、學術思想、社會倫理、婦女解放、風俗習慣等各個方面，表現出了相當徹底和全面的思想解放要求。而資產階級民主、自由、平等、博愛的宣傳，使人們第一次感受到作為人存在的價值和意義。在新的社會意識支配下，國民的文化心態、風俗習慣也發生了顯著的變化，具有現代意蘊的事物被接受了，符合時代風尚的道德被提倡了。思想的閘門一經打開，思想解放的洪流就奔騰向前，不可阻擋，就再不會倒退到原來那種狀態，只會在這個基礎上繼續前進。

比如南京臨時政府成立後，頒布了不少有利於發展資產階級民主政治、民族經濟、文化教育以及有關社會習俗革新的政策法令。如根據資產階級「自由平等」、「天賦人權」的原則，宣布人民享

有選舉、參政等公權和居住、言論、出版、集會、信教自由等私權；各民族所享權利和所負責任，一視同仁；解放備受歧視的「疍戶」、「惰民」等所謂「賤民」，在法律上和其他人民一律平等；保護華僑，禁絕販賣華工，禁止買賣人口，廢除奴婢制度；禁止刑訊、體罰等等。體現了資產階級自由平等、保障人權的原則。為了「掃除弊蠹」，提倡社會新風，嚴禁種植、吸食鴉片和一切賭博；革除前清官府「大人、老爺」等稱呼，下級官吏見上級官吏不再行跪拜禮，男子以「先生」、「君」的互稱取代「老爺」等的稱呼；男子剪辮、女子放足之風席捲全國等。這些變化不僅改變了社會風氣，也有助於人們的精神解放。特別是頒布的《中華民國臨時約法》，以根本大法的形式廢除了兩千年來的封建君主專制制度，確認了資產階級共和國的政治制度。由於民主共和的觀念開始深入人心，並形成了「敢有帝制自為者，天下共擊之」的民主主義觀念氛圍，當袁世凱、張勳先後復辟時，均受到了社會輿論的強烈譴責和人民群眾的堅決反抗，他們的復辟注定是短命和失敗的。

　　還比如就婦女解放而言，辛亥革命時期，在資產階級民主思想的影響下，廣大婦女，特別是一些資產階級、小資產階級婦女開始政治覺醒，他們加入革命行列，尋求自身解放。或創辦刊物，宣傳婦女解放；或組織團體，集結婦女解放的力量；或投身革命，共赴國難等等。對此孫中山曾高度評價：「女界多才，其入同盟會奔走國事百折不回者，已與各省志士媲美。至若勇敢從戎，同仇北伐，或投身赤十字會，不辭艱險；或慷慨助餉，鼓吹輿論，振起國民精神，更彰彰在人耳目。」南京臨時政府成立後，在頒布的一系列命令中反覆強調：「自法蘭西人權宣言書出後，自由、博愛、平等之義，昭若日星。」「共和告成，人道昌明」，「凡屬國人，咸屬平等。」孫中山在給一些婦女團體的復函中提出：「天賦人權，男女本非懸殊，平等大公，心同此理。……女子將來之有參政權，蓋所必至。」臨時參議院通過了女子有參政權的議案，破天荒地宣布賦

予幾千年來備受歧視的婦女以參加各級政權的權利。廣大婦女紛紛足出門戶，步入社會，聯合團體，她們高舉「天賦人權」、「男女平等」、「婦女參政」的旗幟，以婦女參政團體為依託，掀起了頗具聲勢的參政運動。當時廣東省議會章程就規定女議員為10名，莊漢翹、黎金庭、李佩蘭等10人當選為女議員，其中黎金庭還被任命為寶安縣縣長。婦女解放，標誌著前所未有的女權運動的興起，在中國婦女運動史上寫下了光輝的一頁。自此後，婦女解放運動不斷向前發展。

再比如就民主、科學意識而言，被稱之思想解放的「五四」新文化運動，以「民主」和「科學」為兩大旗幟，反對專制獨裁提倡民主，反對迷信盲從提倡科學，反對舊道德提倡新道德，反對舊文學提倡新文學，反對文言文提倡白話文。新文化運動對封建專制和綱常禮教進行猛烈抨擊。陳獨秀抨擊君主專制「『以君主之愛憎為善惡，以君主之教訓為良知，生死予奪，唯一人之意志是從』造成『人格喪亡，異議杜絕，』使『民德、民志、民氣掃地以盡。』」吳虞對封建禮教倫理道德進行猛烈攻擊。他說：「儒家以孝悌二字為兩千年來專制政治與家庭制聯絡之根幹，而使中國社會長期停滯不前，把封建禮教斥為『吃人的禮教』撕下封建仁義道德的偽裝。」新文化運動對封建思想的批判之所以能達到這樣的深度和廣度，是與辛亥革命推翻封建君主專制，對封建專制主義的舊制度、舊思想、舊觀念、舊習俗，進行了猛烈的衝擊分不開的。因為「隨著每一次社會的巨大歷史變革，人民的觀點和觀念也會發生變革」。辛亥革命後，儘管出現過袁世凱和北洋軍閥的獨裁專制反動統治，但崇尚民主、自由、科學的風氣和潮流卻也在向前發展。可以這麼說，沒有思想解放閘門的開啟，就不會有民主、科學意識在國民心中的紮根。

誠然，中國人追求民主與科學並非始於辛亥革命時期。鴉片戰爭結束不久，作為近代中國第一批開眼看世界的先進人物，魏源、

徐繼畬、梁廷枏等人在他們的著作中，就以讚賞的態度介紹過西方的民主制度，說它有中國傳說中的「三代政治」之「遺意」。同治維新期間，介紹西方議會政治、民主政治的著作逐漸增多，同時人們也已認識到學習西方聲光電化等科學技術的必要，以王韜、鄭觀應為代表的一些維新知識份子或早期維新思想家還主張以西方的「君民共主」制度取代中國的君主專制制度。到戊戌變法時期，維新派主張「興民權」、「設議院」，實行君主立憲，不僅著力宣傳過西方資產階級的自由、平等、民權思想，而且也對科學知識、科學方法進行過提倡和介紹。特別是嚴復的「以自由為體，以民主為用」思想的提出，在近代中國人追求民主的歷程中具有十分重要的意義。辛亥革命時期，民主思想得到進一步傳播，科學的重要性也為越來越多的人所認識。以孫中山為領袖的資產階級革命派，在宣傳民主和科學方面的成績，並不比在政治上的勝利遜色。早在興中會成立前後，孫中山和其他革命志士仁人，為了反清革命、救亡圖存、振興中華和創建共和國，就重視學習和傳播民主思想和自然科學，特別是進化論、天賦人權學說、共和政體和自然科學，以及馬克思主義的社會主義學說等。在一段時間裡，主要由資產階級革命派介紹到中國來的民主和科學，成為人們破除迷信、解放思想、反對傳統封建文化和進行暴力革命推翻帝制的思想武器。正是如此，在一定意義上講，它不僅召喚了新文化運動和五四政治運動的到來，而且為馬克思主義在中國的傳播打開了通道。以民主、科學為宗旨的新文化運動既是對辛亥革命的繼承，也是對辛亥革命的超越。正如有的學者指出：「『五四』時期的愛國救亡大潮，直承辛亥而來；五四新文化高揭的『民主』、『科學』、『白話文』等幾面大旗，辛亥革命時期就已舉起；五四新文化批判孔子，檢討儒學，而這一開端仍在辛亥時期；『五四』後期出現了『勞工神聖』的口號，辛亥時期的口號是『國民神聖』，鼓舞人們努力擺脫『奴隸』的地位和思想；『五四』時期及以後有國粹主義與『全盤西

化』的對立,其實辛亥時期就有『國粹』與『歐化』的分野;『五四』時期青年學生和新式知識份子廣泛結成社團,並充分利用報刊爭奪『話語權力』,這也是從辛亥時期的青年學生和新式知識份子那裡沿襲下來的。」由此可以說,辛亥革命時期,資產階級新文化與封建階級舊文化的鬥爭,為「五四」新文化運動創造了條件,奠定了基礎,開闢了道路。

五四運動所用的徽章

五四愛國紀念章

三、以辛亥武昌起義為標誌的辛亥革命，影響了早期中國共產黨人

時勢造英雄，「偉大的革命鬥爭會造就偉大的人物」。以辛亥武昌起義為標誌的辛亥革命，是一次劃時代的偉大革命。在這場偉

大的革命鬥爭中，不僅湧現出了成千上萬為推翻封建清王朝的統治、建立資產階級民主共和國英勇獻身的革命志士，而且鍛造了孫中山、黃興、宋教仁等一批精英。與此同時，其所激發的民族意識和民主革命精神，成為早期共產黨人的啟蒙教科書，促使他們掙脫舊的枷鎖，走上民族解放的道路；其所用革命暴力手段推翻封建君主專制，建立適應世界進步潮流的民主共和國，成為早期共產黨人的共識。受辛亥首義精神的感染和辛亥革命的洗禮，早期共產黨人以「國家興亡，匹夫有責」為己任，同時又在十月革命的曙光照耀下，開始由資產階級民主主義者逐步向共產主義者轉變，有的成為了領導中國民主革命的中堅和骨幹。

　　早期共產黨人基本上由兩部分組成：一是親自參加了辛亥革命，在革命失敗後繼續探索，選擇了「以俄為師」的道路，成為馬克思主義者。二是受過辛亥革命的深刻影響，在革命民族意識大覺醒的潮流中，產生民主革命思想，由民主主義者轉變為共產主義者。在早期共產黨人中，一部分曾是追隨孫中山進行反清革命打天下的同志。如董必武、朱德、林伯渠、吳玉章等。毛澤東受革命黨人的影響於1911年10月下旬參加了湖南新軍，籠統地算也參加了辛亥革命。據統計，在中國共產黨創立時期的各地共產主義小組成員中，具有直接或間接參加過辛亥革命運動經歷的人數約占1/3，其中出身於同盟會會員的約占總數的10%。湖北共產主義小組的3個發起人劉伯垂、董必武、張國恩都曾在日本留學，均為同盟會會員。在黨的一大12位代表中，除去叛黨的陳公博、周佛海、張國燾和當時年齡較小的劉仁靜外，其餘8人，只有李漢俊在日本求學時就接受了馬克思主義，其他或參加過辛亥革命，或受過辛亥革命的感染、讀過辛亥革命時期的進步書刊，或接受過同盟會會員的啟蒙。

李大釗像

　　從黨在創建時期的重要領導人看，他們基本上都受到了辛亥革命的影響。李大釗在天津北洋政法專門學校讀書時，受到他的老師

白毓昆（字雅雨）的很大影響。白毓昆是同盟會京津保支部的重要成員，領導灤州起義失敗後被捕犧牲。臨行前他義正辭嚴地說：「吾既為我主義而來，吾自當為我主義而死。」最後從容就義，立而不跪，昂首宣稱：「此身可裂，此膝不可屈。」毛澤東在東山小學堂期間就讀了《盛世危言》、《新民叢報》等進步書報。在長沙念書時，透過《民立報》瞭解到黃興1911年4月27日在廣州領導的黃花崗起義。1936年10月，毛澤東與美國記者史諾在談話中提到：「這個起義是由一個名叫黃興的湖南人領導的，我深為這個故事所感動。……這個時期，我也聽人談到孫中山和同盟會的綱領。當時全國正處於第一次革命的前夜，我是如此地激動，以至於寫了一篇文章貼在學校的牆上。這是我第一次發表政見，可是這個政見卻有些糊塗。我還沒有放棄我對康有為、梁啟超的欽佩，我並不清楚孫中山和他們之間的區別，所以我在文章裡鼓吹必須把孫中山從日本召回，擔任新政府總統，由康有為任國務總理，梁啟超任外交部長。」董必武參加中華革命黨回憶第一次謁見孫中山的情景時說：「先生指示中國的出路，唯有實行三民主義的革命，特別是鼓勵我們在失敗以後不要灰心短氣，要再接再厲地努力去幹，革命不是僥倖可以成功的。只要我們在失敗中得到教訓，改正錯誤，想出好的辦法來，繼續革命，勝利的前途是有把握的。先生對那些悲觀失望的老國民黨員，深致惋惜。我和張眉宣先生謁見先生後，都成為中山先生的信徒。先生這幾句訓示，永遠活躍在我的腦海中。」周恩來開始思想轉變時，同時受兩個人影響：「一個歷史教員叫高亦吾（山東人）是革命黨人，另一個地理教員是保守黨人。高亦吾介紹給我讀進步書籍，如章太炎的書和同盟會的雜誌，地理教員是滿族人，姓毛，介紹給我讀康有為、梁啟超的文章。」「高先生常向學生宣講救國救民的真理，並把章太炎的文章和同盟會的刊物拿給學生讀，還曾把鄒容的《革命軍》借給周恩來看。在高先生的影響下，周恩來同情革命。當辛亥革命的消息傳來時，周恩來率先在

學校剪掉辮子，表示與清政府決裂。」周恩來說：「少年時代在瀋陽讀書時，得山東高盤之先生教誨與鼓勵，對我是個很大的促進。」新中國成立後，周恩來會見高亦吾之子高肇甫時，他動情地說：「沒有高老師的教導，我不會有今天。」朱德1909年9月在講武堂祕密加入了同盟會，在同盟會的各種祕密活動中，閱讀當時進步的刊物武裝頭腦，從《民報》《革命軍》等中吸取智慧和力量。劉少奇也是受辛亥革命影響而走上革命道路的。據《劉少奇傳》中所述：1911年在武昌爆發的辛亥革命，震動全國。當時劉少奇的二哥劉雲庭，就在長沙新軍中當兵，也參加了部隊的起義，劉雲庭回家時帶來一些革命傳單和書籍。劉少奇從中瞭解了辛亥革命的意義，明白了這個世界正在鬧革命的事，思想上開始發生變化。少年人說幹就幹，在他的堅持下，由他姐姐捉剪，把頭上的一根象徵清王朝臣民身分的粗長大辮剪了下去。

周恩來與南開大學老師合影

此外，瞿秋白、張太雷在江蘇常州府中學讀書時，校長屠元博是同盟會員，他在學生中進行民主革命宣傳，講孫中山、章太炎的思想，講鄒容、秋瑾和黃花崗烈士的故事，還組織學生進行軍事訓練。張太雷就在這時讀了《革命軍》，瞿秋白在武昌起義前就帶頭剪掉了辮子。趙世炎的二哥趙世珏是同盟會員，向警予的大哥向仙鉞是同盟會員，他們在哥哥的影響下早就有了進步思想，進入新學堂就成了學生骨幹。蔡和森敬佩孫中山，把他當成自己效法的楷模。蘇兆徵是孫中山的同鄉，在孫中山的影響下加入了同盟會，直接參加了孫中山領導的反清革命活動。惲代英曾常常吟詠譚嗣同的獄中七絕，以激發自己的愛國意識。

早期共產黨人在受到辛亥革命影響的同時，對辛亥革命進行了反思。他們有的認為，民國之所以徒有其名，是因為辛亥革命對封建主義批判的力度不夠，沒能從觀念上徹底清除綱常禮教對人們的束縛，致使大多數國民缺乏自由民主的覺悟和國家主人翁的意識。要實現國民的真正覺悟，必須經過三步：第一步是學術覺悟，即輸入西洋文明，這一步已經實現。第二步是政治覺悟，即國民關心政治，棄專制政治為自由的自治的國民政治；國民居於主人的主動地位，以生命保護憲法之自由權利。第三步是倫理覺悟，即廢儒家之三綱，倡自由、平等、獨立之說。第二、三步尚未實現。因而，「如今要鞏固共和，非先將腦子裡所有反對共和的舊思想一一洗刷乾淨不可」。有的認為「從前的一套革命老辦法非改不可，我們要從頭做起，但是，我們應該依靠什麼力量呢？怎樣才能挽救國家的危亡？這是藏在我們心中的迫切問題」。為此，他們尋找各種各樣的新思想、新學說作為批判舊的傳統思想的武器，在反思辛亥革命的基礎上又開始了新一輪的探索。他們以激進民主主義者的姿態率先舉起了民主與科學的旗幟，掀起了新文化運動。十月革命一聲炮響，給我們送來了馬克思列寧主義，他們選擇了新的救國方案。

四、辛亥首義精神與辛亥首義文化和武漢城市精神

辛亥武昌起義及其鑄造凝結的辛亥首義精神，形成了辛亥首義文化，給我們留下了寶貴的文化遺產。

辛亥首義文化，是辛亥武昌起義的革命黨人、士兵和群眾，在孫中山革命思想指引下，為推翻封建君主專制、建立民主共和國、振興中華而創造和積累起來的為世人所矚目的地域歷史文化，也是中華民族在晚清歷史轉折時期、在中國歷史走向近代、走向世界的關鍵時期，創造和積累起來的一種近代的民族文化。它包括辛亥首義物質文化即首義歷史以及首義志士活動的遺存；辛亥首義精神文化即首義的政治訴求與建構，以及首義志士為實現目標所表現出來的共同精神。這其中，辛亥首義精神是辛亥首義文化的核心內容，是凸顯辛亥首義文化人文特質的部分。與首義文化相融合的是首義文化資源。首義文化資源按形態來說，亦可分為物質的如首義歷史遺址和文物；非物質的如首義歷史、首義精神。物質形態的首義文化資源具有直觀性、不可替代性和不可再生性，而非物質形態的首義文化資源則具有無形性、傳承性和共用性。

辛亥首義文化就其形式來講，是中華民族在近代創造的民族文化的重要組成部分，同時深受荊楚文化的濡染薰陶，又受到世界進步潮流的影響，與反帝反封、振興中華、追求中國現代化前途的歷史使命結合在一起，具有鮮明的時代性。就其類型來講，辛亥首義文化是一種近代愛國主義的文化，是中國近代歷史主題的體現和豐富，是科學民主精神的體現。就其性質來講，辛亥首義文化是一種近代革命文化，一種進步文化。就其內容來講，辛亥首義文化涵蓋了社會歷史的方方面面，無論是晚清向民國轉變時期（統稱為辛亥革命時期）的政治、經濟、軍事，還是其時的思想、文化、外交乃

至於百姓生活，在辛亥首義文化中都打上了深刻烙印。就其特質來講，辛亥首義文化是一種宣導和宣揚革命是「天演之公例」、「世界之公理」、「順乎天而應乎人者」，不經過革命，就不能消除長期阻礙中國發展進步的極端腐朽落後的封建制度，就無從根本改變中國貧窮落後的這一半殖民地半封建社會狀況的革命文化；是一種救亡圖存，振興中華，把反清與建立共和緊密結合起來，具有新的時代內涵的愛國主義文化；是一種向上的、求變的、求新的，打碎長期禁錮中國人民的封建主義精神枷鎖、極大地解放了人民思想、革故鼎新的進步文化。

辛亥首義及其精神，給我們留下了寶貴的歷史文化遺產。遺跡、遺址至今保存較好的有20多處，主要有：武昌起義湖北軍政府舊址、起義門、勝利亭、拜將台遺址、三烈士亭、工程八營遺址、楚望台軍械庫遺址，總理孫中山先生紀念碑、孫中山銅像、黃興銅像、辛亥烈士墓葬群以及黎元洪墓、首義公園等等。這其中，武昌起義湖北軍政府舊址為全國第一批重點文物保護單位，此處為鄂軍都督府（湖北軍政府）辦公地，原為湖北省諮議局。1911年武昌起義後，在這裡創立了中國歷史上第一個資產階級的革命政權——湖北軍政府，宣布廢除大清國號和年號，建立中華民國，從而開啟了劃時代的「民國之門」。其他遺跡、遺址有不少為湖北省和武漢市文物保護單位。這些遺跡、遺址不僅是辛亥武昌起義留給我們的難忘記憶，也是我們緬懷革命先烈，弘揚首義精神，進行愛國主義教育，實現中華民族偉大復興的生動教材。文化是一個城市的文脈和根基，也是一個城市的名片。世界上不少城市因文化而錦上添花，因文化而全球揚名，因文化而成為國際政治、經濟中心或知名都會。湖北省和武漢市在重視和保護好辛亥首義遺跡、遺址的同時，加快首義文化資源的開發利用。從1991年開始，以「政府主導、社會參與、市場運作、文化造勢、旅遊拉動、經貿主唱」的方式，成功舉辦了多屆首義文化節。在經貿合作、旅遊開發以及文

化建設等方面取得明顯成效。特別是利用首義文化及其資源，展開對台交流，增進了兩岸互動，實現了互利雙贏，為推動海峽兩岸關係和平發展，深化武漢與台灣文化經貿等各領域交流合作，作出了貢獻。自1961年10月在武漢舉辦全國性紀念辛亥革命50周年學術討論會以來，武漢又先後成功舉辦了紀念辛亥革命70周年、80周年、90周年國際學術討論會，不僅為海內外學者提供了學術交流的平台，也促進了歷史文化資源保護和開發，提升了城市人文環境和城市知名度。與此同時，辛亥首義遺跡、遺址申報世界文化遺產的工作亦在抓緊進行。這對於提高武漢市城市的知名度，增強湖北武漢人民自信心和自豪感，激發愛國主義熱情，促進旅遊事業的發展，更好地保護辛亥首義遺跡、遺址等，有著重要意義。

湖北軍政府

勝利亭

黎元洪墓

　　此外，為進一步彰顯武漢這座辛亥革命首義之城的歷史文化特色，迎接辛亥革命100周年的到來，一批重大文物修復、保護工程正在進行。占地7600平方米、總建築面積2.2萬平方米、總建築高度23.3米的辛亥革命博物館，正在加緊施工，計畫2011年4月竣工交付布展；原面積達5.42萬平方米2007年完工的首義廣場再次啟動擴建總面積是原來的3倍；武昌起義湖北軍政府舊址、武昌首義紀念館、孫中山銅像、黃興拜將台、黎元洪墓等將修葺一新；起義門及楚望台遺址公園2011年7月完工。抱冰堂、張難先故居、三烈士亭、庚子革命烈士墓、勝利亭、孫中山紀念碑、日知會舊址等辛亥革命歷史遺跡保護修繕工程，也將於2011年8月底前完成。總投資約4億元的首義文化區週邊環境綜合整治工程，將於2011年6月底前完成。武漢市辛亥革命博物館（籌）面向全球徵集辛亥革命文物已取得豐碩成果。我們相信，隨著時間的推移，辛亥首義及其精神給我們留下的歷史文化遺產，不僅將顯得越來越彌足珍貴，而且會越來越發揮出更大的作用。

建設中的首義廣場效果圖

　　辛亥首義精神建構了武漢城市精神的底蘊和特色,是武漢城市精神的核心組成部分。何謂城市精神?城市精神是一座城市的靈魂,是城市的生命力、凝聚力和創造力之所在,是一個城市氣質的集中體現。它綜合凝聚了一座城市的歷史傳統、精神積澱、社會風氣、價值觀念以及市民素質等諸多因素,代表著一座城市的整體形象,彰顯著一座城市的特色風貌,引領著一座城市的未來發展。一座城市沒有精神,就沒有靈魂,就沒有準確的核心理念定位,就沒有奮勇爭先的精神動力泉源。

　　武漢有著悠久的歷史,人文歷史文化積澱極為豐富,具有光榮的革命傳統,是辛亥革命首義地,二七工人運動的發祥地之一,北伐時期國民政府所在地,南京失守後的抗日大本營。可謂是盤龍文化、楚文化、知音文化、首義文化和革命文化等交相輝映。中共武漢市第十一屆黨代表大會報告提出:「武漢悠久歷史文化積澱和革命建設實踐孕育了『勇立潮頭、敢為人先、崇尚文明、兼收並蓄』的城市精神。創新與和諧就是這種精神的核心。」「勇立潮頭、敢

為人先」，正是辛亥首義精神的體現。

　　城市精神的本質是人的精神。在新的歷史條件下，繼承弘揚辛亥首義精神，大力培育鼓勵創新、寬容失敗、敢為人先、追求卓越的城市創新創業文化；培養造就一大批具有創新意識、創新思維和創新能力的創新型人才；解放思想，搶抓機遇，應對挑戰，開拓創新，埋頭苦幹。不僅對於恢復「大武漢」的歷史地位，重振「大武漢」的雄風，將燦爛豐富的文化變成有利於科學發展、跨越式發展的文化，努力把武漢打造成為全國發展軟環境最優的城市之一，而且對於加快創新武漢、和諧武漢建設，推進「兩型」社會改革試驗和建設國家自主創新示範區，促進武漢率先在中部崛起，把武漢建成現代化國際性城市，實現經濟社會又好又快發展，都具有重要的理論意義和實踐意義。

第七章　辛亥首義精神的繼承弘揚

　　辛亥首義精神作為中華民族精神的重要體現，是中華民族精神展現的新的歷史豐碑。中華民族精神是中華民族凝聚的靈魂，是中華民族的精神支柱，是中華民族五千多年來生生不息、發展壯大的強大精神動力，也是教育引導中華兒女繼往開來的強大精神動力。江澤民同志指出，「民族精神是一個民族賴以生存和發展的精神支撐」，「面對世界範圍各種思想文化的相互激盪，必須把弘揚和培育民族精神作為文化建設極為重要的任務」。胡錦濤同志指出：「中華民族是具有偉大民族精神的民族。千百年來，中華民族之所以能夠歷經磨難而不衰，飽嘗艱辛而不屈，千錘百煉而愈加堅強，靠的就是這種威力無比的民族精神。」2010年9月3日，胡錦濤同志在參觀抗日戰爭紀念館時又強調說：「面對新形勢新任務，我們要在全黨全社會大力弘揚偉大民族精神。」因此，在新的歷史時期和新的發展階段，在紀念辛亥革命100周年之際，我們大力繼承弘揚辛亥首義精神，亦是大力繼承弘揚中華民族精神。

一、繼承弘揚辛亥首義精神的重要意義

　　100年前，以辛亥武昌首義導入高潮、神州呼應的辛亥革命，把中國延續2000多年的封建君主專制推進到民主共和的新時代，開創了中國歷史的新紀元。辛亥首義的槍炮聲留給我們的不僅是光榮和驕傲，更是彌足珍貴的精神財富——首義精神。今天，我們

紀念辛亥革命100周年，繼承弘揚辛亥首義精神，具有重大的現實意義和深遠的歷史意義。

1.我們所處的時代是改革開放的時代，繼承弘揚辛亥首義精神，可以促使我們更好地進行改革創新，完成新的偉大革命。

辛亥武昌起義，從醞釀、籌備、爆發到鞏固勝利，無一不是「敢」字當先，充滿首創精神。湖北革命黨人，在孫中山多次領導組織發動的邊疆、南方武裝起義失敗的情況下，創造性地採取「中部突破」戰略，利用武漢「九省通衢」的優勢，主動充當亡清革命的推手，加緊起義各項準備，力爭武昌起義成功。在過去多次「外輸型」的革命因缺乏內在革命基礎和條件均告失敗的情況下，吸取教訓，創造性地利用湖北武漢內部因素，形成合力，發動了「內爆型」的革命。以驚人的革命膽識、毅力和決心，不僅果斷地打響起義的槍聲，而且創造性地作出了集中攻打督署的正確戰略決策，12小時內占領了武昌城、三日內光復漢陽和漢口，迅速取得了起義勝利。創建了湖北軍政府，開共和立國之先聲；制定與頒布了《鄂州約法》，開以憲法形式塑造國家形象的先河；開創了一省起義、數省回應並獲得成功，相互支持、相互促進的先例。可以說「敢為天下先」成為辛亥首義精神中最鮮明的特色，是「楚人勇於創新的一面大旗」，是湖北革命黨人和武漢人民用鮮血和生命熔鑄的偉大精神財富。

當前我們所處的時代是改革開放時代，通過改革開放這條必由之路，發展中國特色社會主義、實現中華民族偉大復興，這是一項前無古人的偉業。要完成這種開創性的偉業，就要把繼承弘揚「敢為天下先」的辛亥首義精神與踐行改革創新的時代精神結合起來，勇於改革，開拓奮進，提高自主創新能力，堅持走中國特色自主創新道路，把增強自主創新能力貫徹到現代化建設各個方面，建設創新型國家。同時，我們還必須清醒地認識到，改革開放是黨在新的

時代條件下帶領人民進行的新的偉大革命，也是一次新的長征。這一新的偉大革命和新的長征，不可能一帆風順，也不可能一蹴而就，我們的道路還很長，困難還很多，這也需要我們繼承弘揚辛亥首義精神。把辛亥首義志士的拚搏精神、實幹精神、奉獻精神、堅韌精神等發揚光大。勇往直前，堅持「兩個務必」，艱苦奮鬥，戰勝各種艱難險阻，奮力開拓中國特色社會主義更為廣闊的發展前景。

2.我們所處的時代是充滿機遇和挑戰的時代，繼承弘揚辛亥首義精神，可以促使我們更好地搶抓機遇、迎接挑戰。

善抓機遇是辛亥首義精神的內涵之一。湖北革命黨人既抓住清王朝強人統治斷層、攝政王昏庸無能、政權危機四伏的契機，又抓住帝國主義之間重新瓜分世界的鬥爭日益激烈，對中國革命暫時難於聯合插手的契機；既抓住長江流域大水成災，各地群眾反暴政、反苛捐的鬥爭不斷發生，全國革命形勢蓬勃發展的契機，又抓住「湖北翻了天」，城鄉民眾自發性暴動連續不斷，革命形勢一觸即發的契機；特別是抓住了鄂、川、湘、粵等省波瀾壯闊的保路運動和湖北部分新軍外調的「熾熱點」和契機。並且在發生過多次挫折、風險（危機）的情況下，一刻也沒有放鬆抓機遇。相反，他們抓得還更緊，及時應對風險、挫折，把革命過程推進得更快，不失時機地果斷地發動起義。

現在我們面對的是新機遇新挑戰，「當今世界正在發生廣泛而深刻的變化，當代中國正在發生廣泛而深刻的變革。機遇前所未有，挑戰也前所未有，機遇大於挑戰」。我們要更加深入地理解重要戰略機遇期的思想，更加準確地把握中國發展的內外環境和國情，更加自覺的緊緊抓住和用好這一戰略機遇期。要繼承弘揚辛亥首義精神中「善抓機遇的果斷精神」，提高重視抓機遇和應對挑戰的認識，增強搶抓機遇和應對挑戰的毅力、決心和果斷精神，培育

善抓機遇和應對挑戰的本領，千方百計地抓緊抓好這千載難逢的重要戰略機遇期，迎接挑戰，發展自己，更有效地辦好一系列大事，辦好一系列喜事，辦妥一系列難事，奪取全面建設小康社會新勝利，開創中國特色社會主義事業新局面，實現中華民族偉大復興。

3.我們所處的時代是和平與發展為主題的時代，繼承弘揚辛亥首義精神，可以促使我們更好地團結一切可以團結的力量，建構和諧社會、推動建設和諧世界。

中華民族自古以來就有一種和睦團結的精神，「內睦者家道昌、外睦者人事濟」，體現一種著名的、影響深遠的「和合」思想。這種「和合」思想，也是一種顧全大局的整體主義思想，它既對本民族有意義，也對全人類有意義。當民族面臨生死存亡或全人類面對共同敵人的考驗時，這種和睦團結的精神更顯得無比高尚、彌足珍貴。正是這樣，湖北革命黨人和武漢人民繼承弘揚這種和睦團結精神，在孫中山革命思想指引下，團結一切可以團結的力量。一方面實現了領導起義的革命團體文學社和共進會的通力合作；另一方面聯合了革命團體外和團結了一切可以團結的反清力量，特別是運動新軍，把保衛清王朝的武裝力量變成了亡清的革命武裝力量。傳承「和合」思想、繼承弘揚辛亥首義的和睦團結精神，有利於建構和諧社會、推動建設和諧世界。

實現社會和諧、建設美好的和諧社會，是自古以來人類長期夢寐以求的一個理想社會。中國共產黨把這一社會理想作為不懈追求的目標。黨的十六屆四中全會進一步提出了建設和諧社會後，黨的十六屆六中全會明確指出了社會和諧是中國特色社會主義的本質屬性，還通過了《關於構建社會主義和諧社會若干重大問題的決定》。2007年10月15日，胡錦濤同志又在黨的十七大報告中鄭重地提出了促進社會和諧、建設和諧社會的戰略任務。建構社會主義和諧社會，是中國共產黨從中國特色社會主義事業總體布局和全面

建設小康社會全域出發提出的重大戰略任務，反映了建設富強民主文明和諧的社會主義現代化國家的內在要求，體現了全黨全國各族人民的共同願望。「構建社會主義和諧社會，關係到最廣大人民的根本利益，關係到鞏固黨執政的社會基礎、實現黨執政的歷史任務，關係到全面建設小康社會的全域，關係到黨的事業興旺發達和國家的長治久安。」我們要繼承弘揚辛亥首義的和睦團結精神，團結一切可以團結的力量，調動一切積極因素，激發全社會的創造活力，「把共同建設、共同享有和諧社會貫穿於和諧社會建設的全過程，真正做到在共建中共用、在共用中共建」。在推進中國特色社會主義事業的偉大征程中，譜寫出一曲社會和諧的新樂章。

湖北革命黨人和武漢人民在辛亥首義中團結、攜手奮鬥建立的中華民國，「不止維持一國之利益，並維持全世界全人類之利益焉！」孫中山曾經說過：「中國如果強盛起來，我們不但是要恢復民族的地位，還要對於世界負一個大責任。」他對所主張建立的中華民國滿懷信心地預言：「一旦我們革新中國的偉大目標得以完成，不但在我們的美麗的國家將會出現新紀元的曙光，整個人類也將得以共用更為光明的前景。普遍和平必將隨中國的新生接踵而至，一個從來也夢想不到的宏偉場所，將要向文明世界的社會經濟活動而敞開。」孫中山還認為，帝國主義列強只講強權，不講公理，任意侵略弱小國家，隨意宰割別國的領土，這是世界存在不公正、不道德、不安寧的根源。所以他反復強調，國與國之間要講公理，不講霸道。

當今世界正處在大變革大調整之中。和平與發展仍然是時代的主題，世界多極化和經濟全球化深入發展，各國相互依存更加緊密，求和平、謀發展、促合作已經成為不可阻擋的時代潮流。同時，世界仍然很不安寧，霸權主義和強權政治依然存在，世界和平與發展面臨諸多的難題與挑戰。在這種新的形勢下，我們要繼承弘揚辛亥首義中的和睦團結精神，實現孫中山「普遍和平」、「文明

世界」的主張，進一步與世界各國發展友好合作，推進人類和平與發展的崇高事業。不管國際風雲如何變幻，中國政府和人民堅持高舉和平、發展、合作旗幟，始終不渝走和平發展道路，始終不渝奉行互利共贏的開放戰略，始終不渝奉行獨立自主的和平外交政策，反對各種形式的霸權主義和強權政治，永遠不稱霸，永遠不搞擴張，與各國人民攜手努力，推進建設持久和平、共同繁榮的和諧世界。當代中國與世界的關係發生了歷史性變化，中國的國際地位和作用發生了歷史性變化，中國的前途和命運日益緊密地與世界的前途命運聯繫在一起。中國的發展離不開世界，世界的繁榮穩定也離不開中國。中國人民將持續與各國人民一道，為建構持久和平、共同繁榮的和諧世界，共同創造人類和平與發展的美好未來而不懈努力。

二、繼承弘揚辛亥首義精神要高舉孫中山的偉大旗幟

　　辛亥首義精神是孫中山革命思想、革命精神與辛亥武昌首義革命實踐相結合的產物，孫中山是辛亥首義精神的傑出代表。正因為有了孫中山的三民主義和革命方略，才使武昌起義有了明確的革命宗旨和統一的奮鬥目標，「建主義以為目標，定方略以為歷程」，旨在「求天下之仁人志士同趨於一主義之下」，使「舉國之人民，共喻此主義，以身體而力行之」。並以此為「準繩」，從事起義前後的各項工作，從思想上、政治上保證了首義勝利；正因為有了孫中山的三民主義理論、革命思想和革命精神，哺育、影響了一代革命黨人和革命群眾，為武昌起義培育了大批骨幹力量和生力軍，從幹部隊伍和起義力量上保證了辛亥首義的勝利；正因為有了孫中山對湖北及武漢地區革命組織發展壯大的關心和支持，從組織上保證

了武昌首義的勝利；正因為孫中山的革命思想、革命精神和高尚品德深入人心、深得人心，獲得了中國國內外的廣泛擁護和支持，保證了武昌首義的勝利。可以這樣說，如果沒有孫中山的革命綱領、革命方略指導，武昌起義就沒有革命宗旨和奮鬥目標；如果沒有孫中山的三民主義、革命思想哺育湖北革命黨人和武漢人民，武昌起義就沒有骨幹力量和生力軍；如果沒有孫中山領導建立的同盟會，武昌起義就沒有革命組織來直接領導和推動；如果沒有孫中山的革命精神和崇高威望來感召，武昌起義就沒有堅強的革命大軍和全國的支持力量。沒有以上四個方面，就不會有武昌起義的勝利，也就不會有辛亥首義精神。因此，繼承弘揚辛亥首義精神，也就必然又必須要求我們高舉孫中山偉大旗幟；而高舉孫中山偉大旗幟，可以使我們更好地繼承弘揚辛亥首義精神。

特別是，孫中山提出民族、民權、民生的三民主義，高舉實現民族獨立自由和民主革命的旗幟，領導創立中國同盟會，開創了完全意義上的中國近代民族民主革命。在孫中山組織領導和他的革命精神感召下，辛亥革命推翻了清朝的統治，從而結束了在中國延續幾千年的君主專制制度，為中國的發展進步打開了閘門，譜寫了古老中國發展進步的歷史新篇章。孫中山一生不懈奮鬥，始終堅韌不拔，站在革命鬥爭的前列，堅守他所認定的革命理想和事業，抱定為民眾利益而奮鬥犧牲的目標，堅定不移地向各種逆歷史潮流而動的反動勢力展開堅決鬥爭，一往無前，愈挫愈勇，百折不撓。直到臥病彌留之際，仍念念不忘「和平、奮鬥、救中國」；孫中山一生熱愛祖國，始終致力於振興中華，畢生的追求就是實現中華民族的完全獨立和中國的民主統一，並透過中國人民自己的奮鬥，改變中國的貧弱處境，將中國建設成為現代化強國；孫中山一生追求真理，始終與時俱進，站在時代前列，以「世界潮流，浩浩蕩蕩，順之則昌，逆之則亡」為自己的座右銘。強調要「內審中國之情勢，外察世界之潮流，兼收眾長，益以新創」。注重學習世界上的先進

知識和有益思想成果，並希望結合中國的實際用來改造中國。主張實行「開放主義」，「發揚吾固有之文化，且吸收世界之文化而光大之，以期與諸民族並驅於世界」。孫中山的一生，是為近代中國的民族獨立、民主自由、民生幸福而無私奉獻的一生，是為實現國家統一、振興中華而殫精竭慮的一生。孫中山追求真理的開拓進取精神和矢志不渝的愛國主義情懷，天下為公的博大胸懷和放眼世界的開放心態，生命不息、奮鬥不止的堅強意志和鞠躬盡瘁、死而後已的高尚品德，是他留給我們的寶貴精神遺產。值得我們永遠學習繼承和發揚光大。正如毛澤東所說：孫中山「全心全意地為了改造中國而耗費了畢生的精力，真是鞠躬盡瘁死而後已」；「他在政治思想方面留給我們許多有益的東西」；「現代中國人，除了一小撮反動份子以外，都是孫中山革命事業的繼承者」。

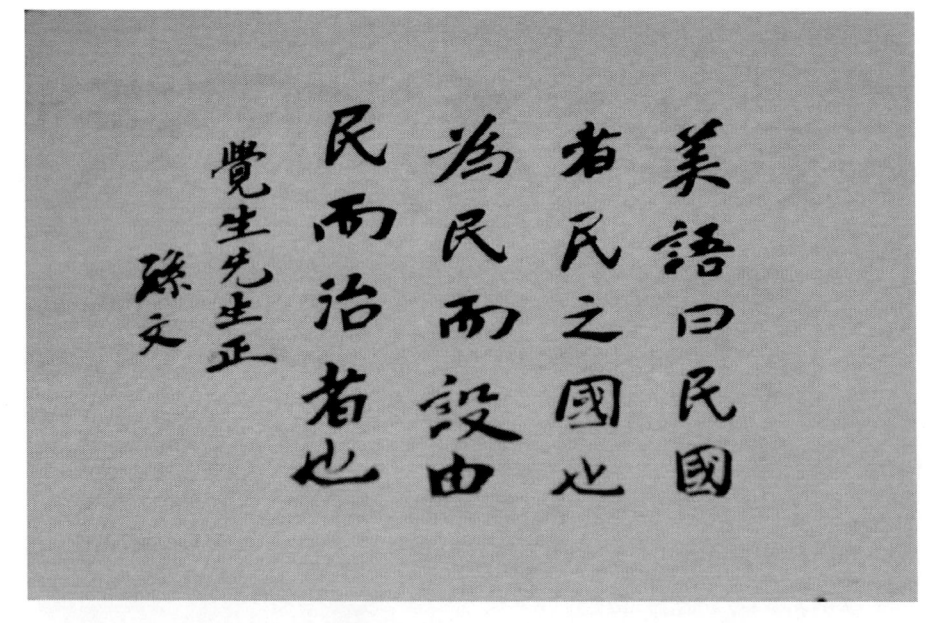

孫中山有關民治的題詞

　　孫中山產生於他那個特定的時代，又給了他那個特定的時代以深刻影響。他不僅在中國享有崇高的威望，始終受到全中國各族人

民由衷的敬仰,而且在全世界也享有崇高的威望,有著廣泛而深刻的影響。他是近代中國以來的第一個偉人。中國共產黨人是孫中山革命事業最堅定的支持者、最親密的合作者、最忠實的繼承者。孫中山也始終把中國共產黨人當成自己的親密朋友。過去我們高舉孫中山的偉大旗幟,現在仍要堅持高舉孫中山的偉大旗幟,今後還要高舉孫中山的偉大旗幟。高舉孫中山的偉大旗幟,不僅對開創兩岸關係和平發展新局面,完成祖國和平統一大業和實現中華民族偉大復興有著重大意義,而且對「維持全世界全人類之利益」,推進人類和平與發展的崇高事業,建設持久和平、共同繁榮的和諧世界也有重大意義。由此,繼承弘揚辛亥首義精神,就要高舉孫中山的偉大旗幟。

民主革命偉大先行者孫中山

三、繼承弘揚辛亥首義精神，把武漢建成現代化國際性城市

100年前，湖北革命黨人不甘人後，奮勇爭先，「趕超和後來居上」，發動了驚天地、泣鬼神的辛亥武昌起義。他們一方面服從同盟會的領導，一方面不等待、不依賴，積極進取、抓住機遇，主動謀劃起義；他們不競聲華、埋頭苦幹、講求實效，長期從事扎實細緻的革命發動準備工作；他們團結一切可以團結的力量，頑強拚搏。湖北革命黨人在辛亥首義中所彰顯的這些精神，在今天我們加快創新武漢、和諧武漢建設，推進全國「兩型社會」綜合配套改革試驗和建設國家自主創新示範區，促進武漢率先在中部崛起，把武漢建成現代化國際性城市的過程中，需要繼承弘揚，發揚光大。

對於如何建設武漢，作為辛亥首義精神傑出代表的孫中山，曾提出建設武漢大都會的目標，把首義之區建設成為國際大都會，設想以武漢三鎮為重點，建成全國政治、經濟、文化中心，再擴展於全國。孫中山認為建設武漢大都會的優勢有三點：天時，他說：「去年八月十九，武昌起義，及各省響應，普天同仇才造成目前之中華民國。」「中華民國目前既經成立，已非滿清專制的時代。諸君即須迅系中華民國國民義務......」地利：「其樞軸總攬，水陸交通，南足以連巴蜀滇黔，北足以控秦晉伊洛，指臂兩湖，犄角三鎮。」人和：「人心之鞏固，俗尚之勁悍，即首義一節論，已足見眾志成城。」「目前中華民國，亦即我目前國民多造成，倘非同心協力，人人有第一等國民思想，斷難收此大效。」

民國建設發軔於斯 孫文題

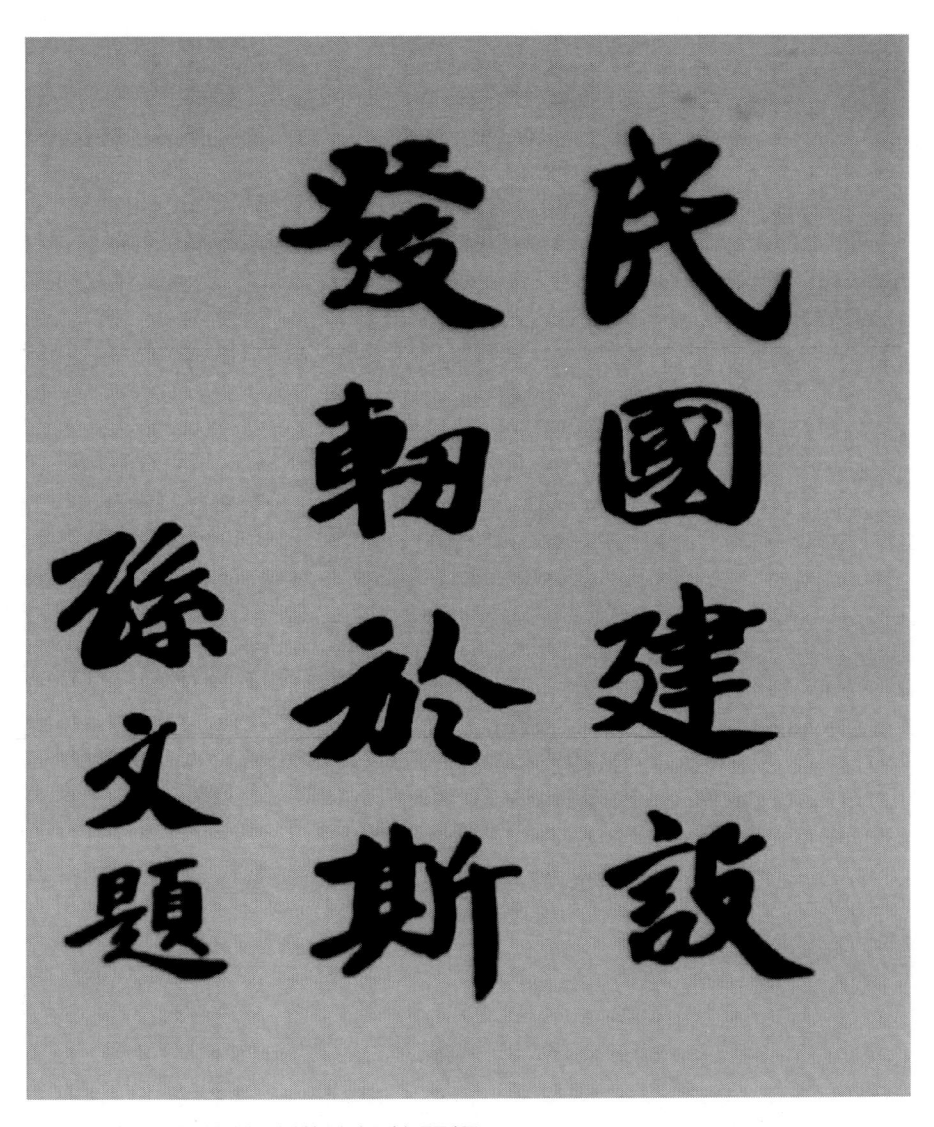

孫中山有關於武漢建設的題詞

　　孫中山的這一設想在1919年制定《建國方略》時正式納入了「實業計畫」，要求「武漢將來立計畫，必須定一規模，略如紐約、倫敦之大」。其理由：一是「武漢者，指武昌、漢陽、漢口三市而言。此點實吾人溝通大洋計畫之頂水點，中國本部鐵路系統之

中心,而中國最重要之商業中心也」。二是「三市居民,數過百萬,如其稍有改進,則二三倍之,絕非難事」。三是「現在漢陽已有中國最大之鐵廠,而漢口亦有多數新式工業,武昌則有大紗廠,而此外漢口更為中國中部、西部之貿易中心,又為中國茶之大市場」。四是「湖北、湖南、四川、貴州四省,及河南、陝西、甘肅三省之各一部,均恃漢口以為與世界交通唯一之港」。五是「中國鐵路既經開發之日,則武漢將更形重要,確為世界最大都市中之一矣」。

如何將武漢建設成國際大都市?孫中山提出:

①武漢三鎮聯結一起的方案。一是從襄河即漢口後湖,開一運河引漢水入江,並將龍王廟一帶填起,聯結漢口、漢陽;二是在武昌上游開一運河,經南湖、東湖、下新河入江,使武漢三鎮中有大江,南北有兩運河;三是在京漢鐵路線於長江邊第一轉彎處,穿一隧道過江底,以聯絡兩岸;四是於漢水口以橋或隧道,聯絡武昌、漢口、漢陽三城為一市;至將來此市擴大,則更有數點可以過橋或穿隧道。

1912年4月，孫中山訪漢，對武漢城市建設做出總體規劃。圖為孫中山與黎元洪、汪精衛、胡漢民在武昌都督府合影。

②擴大武漢三鎮市區的方案。一是在整治長江堤岸時，由龍王廟渡頭起，迄於長江向東曲折之左岸一點，此所為填之地，平均約闊500碼至600碼。使漢口租界得一長條的高價土地。二是漢陽則在緊接河邊沿岸建築。武昌就在下游建一大堤防堵洪水，以便將現在市區之下面擴大為新的市區。三是聯市週邊之地均收歸國有，用於建設市場。四是建設武漢大城市籌資的辦法納入其建國方略總計畫，即「國際發展計畫」，依靠國際力量進行開發。然後用三聯市週邊增地的地價，以「償還此國際發展計畫所求之外債本息也」。

③陸路交通鐵路建築的方案。修建南京—漢口、西安—漢口、北方大港—漢口、黃河港—漢口、芝罘—漢口、海州—漢口等鐵路線；在東南鐵路線的建築計畫中含湖北及福州武昌線。這些線路建成後，武漢將是溝通東西南北的中心要市。

④改造漢水的方案。一是在襄陽上游設水閘，一面可利用水力，一面又使巨船可以通航於現在唯通小舟之處；二是在襄陽以下，河身廣而淺，須建初級河堤，以約束其水道，又以自然水力，填築兩岸窪地；三是在沙市開一運河，溝通江漢，使漢口赴沙市以上各地，得一捷徑；四是龍王廟上下的改造，以防洪災。

⑤改良長江的設想。一是漢口至岳陽一段，當築河堤、整治水道，急彎曲處當護以石堤；中流洲嶼應削去；金口上游大彎，開一新河以通航；突出地角應削除，使河形之曲折較為緩和。二是洞庭湖北、荊河口至石首一段加閉塞，而從石首開新道通洞庭湖，再由岳陽水道，歸入本流；由石首至宜昌當以木石固其河堤。三是宜昌以上當過水閘壩其水，使舟得溯流以行，而又可資其水力。其灘石應行爆開除去，使水深十尺，下赴漢口，上達重慶，可得而致。此外，孫中山還提出在長江三峽修築大壩發電的重要性。他說：「像揚子江上游夔峽的水力，更是很大。有人考察由宜昌至萬縣一帶的水力，可以發生三千餘匹馬力的電力，像這樣大的電力，比現在各國所發生的電力都要大得多」。

孫中山提出建設武漢大都市的設想和方案，可說是武漢城市建設近代化的第一幅藍圖，在中國共產黨的領導下已逐步實現，並且大大超過了孫中山當年的設想。1957年長江大橋正式通車，武昌、漢口、漢陽三鎮連成一體。此後，漢水上游建築起丹江水庫，沔陽段開設杜家台分洪閘，沿河兩岸防洪加固，長江兩岸防洪加固工程不斷進行，長江上游宜昌在修建葛洲壩後又建成三峽大壩，實現了高峽出平湖的偉景。鐵路以武漢為樞紐，東西南北都已暢通，並有武廣高鐵；高速公路已通各市縣和東西南北各省；航空直達全國各地和部分國家。長江一橋、二橋、君山大橋、陽邏大橋、天興洲大橋、過江隧道等先後建成，城市立交橋、輕軌、地鐵有的已修建或正在延伸，東湖、沌口、吳家山開發區建設已具規模，天河空港、陽邏新港建設正在進行，武漢城市圈建設已顯初步成效……

武漢長江大橋

武漢城市立交橋

　　據武漢市政府公布的情況，「十一五」規劃武漢市總體目標是：把武漢建設成為全國最重要的科技教育基地、交通通信樞紐、中部地區的先進製造業、現代服務業中心，具有濱江濱湖特色的現代化城市，真正成為促進中部地區崛起的重要戰略支點，進而為建設國際性城市奠定堅實基礎。「十一五」期間，開發1000多個大項目，其中50億以上的31項，對武漢市進行「脫胎換骨」的改進。涵蓋鋼鐵、汽車、機械、石油化工、高新技術產業專案400多項；國際博覽中心，王家墩商務區展覽中心，東湖景區開發，鸚鵡洲、永清片房地產開發，漢口後湖開發等服務業專案以及軌道交通、內環立交、長江隧道、全國鐵路四大樞紐、六大客運中心、四大機車客車檢修基地之一，推動環保、水利、社會等事業全面發展。這一計畫已經完成，武漢的改革開放和現代化建設取得了重大成就。與此同時，武漢市的建設納入了《湖北長江經濟帶開放開發

的總體規劃（2009-2020）》。根據規劃，武漢、黃石、宜昌、荊州、鄂州、黃岡、咸寧、恩施等8個市州的48個縣市區，被納入湖北長江經濟帶。總體規劃提出：到2015年，湖北長江經濟帶中國國內生產總值預期達到1.36萬億元左右，年均增長12%；人均國內生產總值達到4.9萬元，在2008年的基礎上翻一番。到2020年，中國國內生產總值預期達到2.2萬億元左右。規劃明確圍繞「一核六點」布局沿江城鎮體系：「一核」即核心城市武漢，「六點」指宜昌、荊州、黃石、鄂州、黃岡、咸寧6個重要節點城市。以「一核六點」為依託，布局東部城市群（武漢城市圈範圍內）和西部城市群（鄂西生態文化旅遊圈範圍內）。力爭到2020年，使湖北長江經濟帶形成一體化沿江城鎮連綿帶，躋身全國大型城市群行列。規劃還提出，促進全流域的聯動發展，上中下游共同推進長江經濟帶的一體化建設。建立起以上海為龍頭、武漢為龍身、重慶為龍尾，自東向西傳導輻射眾多大中小城市的長江沿岸經濟一體化體系，形成中國國內最具國際競爭力的經濟增長帶。

武漢火車站

武漢集裝箱港口

武漢天河機場

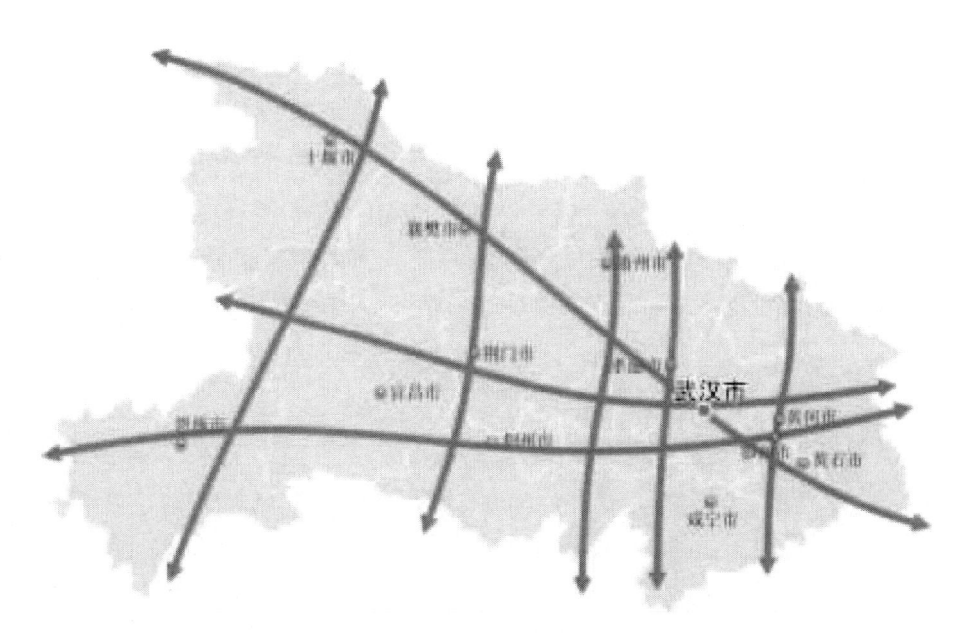

湖北「十二五」綜合運輸通道示意圖

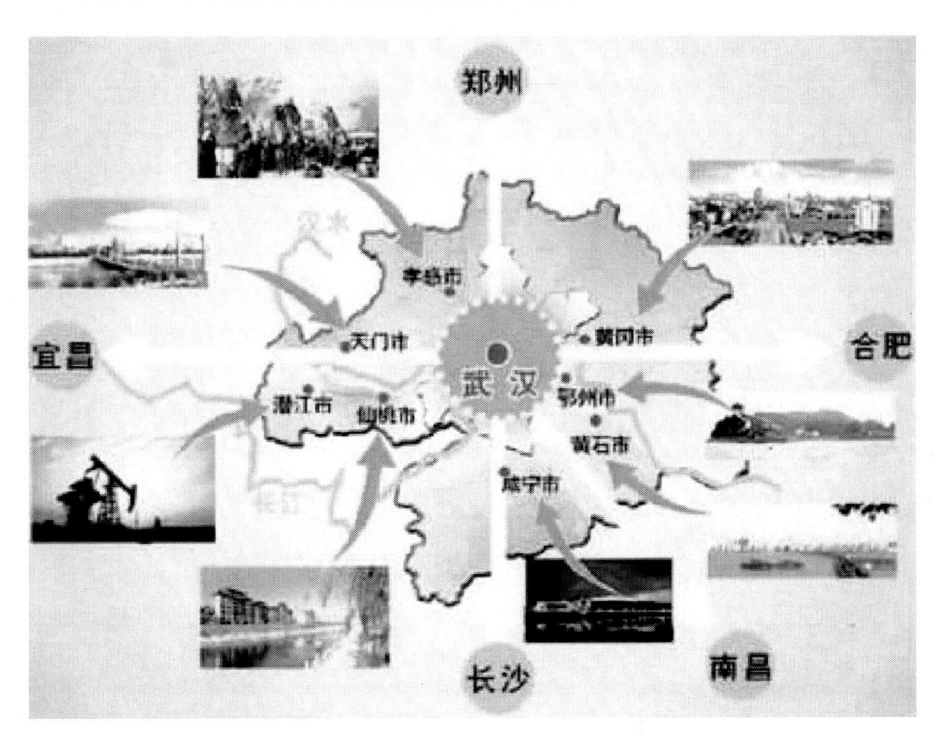

武漢城市圈建設略圖

　　推動武漢跨越式發展，是歷史和時代賦予武漢人民的莊嚴使命。「十一五」時期是武漢發展歷程中極不平凡的五年。2004年，當「中部崛起」首次出現在中央政府的工作報告中時，武漢受到了很大的鼓舞，感受到大發展的氣息。2007年武漢城市圈被確定為國家兩型社會綜合配套改革試驗區；2009年，東湖國家自主創新示範區獲批；2010年，國務院批覆《武漢市城市總體規劃》，明確武漢為「我國中部地區的中心城市」；2010年11月，國務院批准吳家山經濟開發區升級為國家級開發區。這樣，武漢就有了三個國家級開發區鼎足而立，武漢在國家戰略中的地位步步凸顯，迎來了跨越式發展的好機遇。

　　今天的武漢，已經站在一個新的歷史起點上。面向「十二五」，市十二屆人大七次會議繪就了新的宏偉藍圖，開啟了新的發展征程。「十二五」時期，武漢經濟社會跨越發展的總體目標是：著力打造全國重要的先進製造業中心、現代服務業中心和綜合性國家高技術產業基地、全國性綜合交通樞紐基地，加快建設全國「兩型社會」綜合配套改革試驗區和國家自主創新示範區，鞏固提升中部地區中心城市地位和作用，努力建設國家中心城市，全面完成小康社會建設的目標任務，為把武漢建成現代化國際性城市奠定堅實基礎。

　　「十二五」期間，重點實現九大目標任務：

　　①基本構成具有比較優勢的現代產業體系，進入萬億元GDP城市行列。

　　②基本構成國家自主創新示範區創新體系框架，創新型城市建設取得顯著成效。

　　③基本建成全國「兩型社會」典型示範區，城市生態文明水準

不斷提高。

④基本建成全國性綜合交通樞紐，區位交通優勢更加凸顯。

⑤基本建成中心城區快速交通體系，交通暢通能力明顯提高。

⑥基本完成城市空間布局調整，形成「主城＋新城組群」、「主城區為核、多軸多心」的總體構架。

⑦基本建立統籌城鄉發展的體制機制，遠城區實現跨越式發展。

⑧基本形成比較完善的社會公共服務體系，努力建設人民幸福城市。

⑨基本形成武漢城市圈「五個一體化」，武漢在全省經濟社會發展中的輻射帶動作用進一步增強。

為實現上述目標任務，把武漢建成現代化國際性城市，在繼承弘揚辛亥首義精神的同時，我們要解放思想，實事求是，勵精圖治，克難奮進，牢牢抓住戰略機遇，積極應對新的挑戰，依靠全市人民的智慧和力量，把美好藍圖變為現實，譜寫武漢跨越式發展的新篇章，使武漢改革走在全國前列、發展走在中西部前列，在促進中部地區崛起中擔負起重要的戰略支點作用。

四、繼承弘揚辛亥首義精神，促進海峽兩岸關係和平發展與祖國和平統一

以辛亥武昌起義為標誌的辛亥革命，其出發點是為了祖國的獨立、民主、富強和統一。1840年鴉片戰爭後，帝國主義列強入侵，強迫清朝政府簽訂一系列不平等條約，如「南京條約」、「望廈條約」、「黃浦條約」、「璦琿條約」、「天津條約」、「北京

條約」、「馬關條約」、「辛丑合約」等等。至1911年辛亥革命前這樣不平等條約多達1000餘份。透過這些不平等條約，帝國主義列強強占（租）大量的中國領土，如德國強租膠州灣，法國強租廣州灣，沙俄強租旅大，英國強租香港、九龍、威海衛，日本占領澎湖、台灣地區，還有此前葡萄牙人強占澳門半島。他們對中國領土劃分了勢力範圍，把一個完整的統一多民族國家分割得七零八落。腐敗無能的清政府「持其『寧贈朋友，不與家奴』之政策，屢犠牲我民族之權利，與各國立不平等之條約」。革命志士和人民群眾正是鑒於國家領土被西方列強瓜分豆剖、國家主權被肢解侵占、國家經濟遭受掠奪摧殘、國家前途每況愈下，在清朝已成為「洋人的朝廷」的境況下，用暴力革命的手段救亡圖存，挽救國家民族的危亡，振興中華，推翻封建君主專制，建立資產階級民主共和國，使其成為一個強大統一的中國。

　　南京臨時政府創建時，孫中山宣布，新成立的共和國「當成為統一獨立與興盛之國家」，其對內施政方針是要實現「民族之統一、領土之統一、軍政之統一、內治之統一、財政之統一的國家」，將保證中國「獨立及領土完全」，同時還要「收復已失疆土」，堅決反對任何分裂中國的圖謀。當時，帝國主義列強利用民初南北對峙之勢，鼓吹分割中國，甚至公然提出「南北分治」的分裂中國主張，並以此作為對南京臨時政府外交承認的先決條件。孫中山嚴正指出，「為什麼要把向來統一的國家再來分裂呢？提倡中國分裂的人一定是野心家」；鼓吹中國分裂的言論是「卑劣之言」，製造中國分裂的人是「中國之仇敵」。辛亥革命失敗後，針對軍閥割據的局勢，孫中山表示要「竭志盡誠，以救民國，破除障礙，促成統一」。孫中山認為謀求中國「統一的方法，有輿論和武力兩種」。前者是用文治感化，即靠宣傳贏得民心來謀統一；後者是用兵力剷除軍閥、官僚、政客，以造成國家統一。由於「世事變化不定」，統一辦法「沒有一定的公式可以遵循」。孫中山認為中

國必須統一而不能分裂的原因有三：一是中國「在歷史上向來都是統一的，不是分裂的」，「中國是一個統一的國家，這一點已牢牢地印在中國的歷史意識之中，正是這種意識才使我們能作為一個國家而被保存下來，儘管它過去遇到了許多破壞的力量」。二是「『統一』是中國全體國民的希望。能夠統一，全國人民便享福；不能統一，便要受害」。統一「是全國人民現在的心理」。三是國家統一是實現民主政治，社會經濟發展和國家強盛的基礎，「統一成而後一切興革乃有可言」；統一就可「重符共和盛軌，以與列強共躋於平等之域」。而四分五裂，只能使中國積弱積貧，處於落後任人宰割的境地。作為辛亥革命的開創者和領導者的孫中山，為祖國統一大業耗盡了畢生精力。革命前，推翻「洋人的朝廷」清政府封建專制統治，阻止列強瓜分，追求獨立統一的近代民主中國的建立，是他愈挫愈奮的目標；革命後，抵制倒行逆施的復辟行徑，與違憲亂政的軍閥政府鬥爭，堅持以現代民主政治制度來統一中國，是他至死不渝的事業。

孫中山生前十分關心日本統治下的台灣回歸祖國，「念念不忘台灣同胞，關心注意台灣同胞的革命事業」。台灣是他在檀香山、香港創建中國第一個資產階級革命團體興中會後，繼日本橫濱設立第一個分會的第二個分會，他曾三次到過台灣。1900年惠州起義時，孫中山於9月28日抵達基隆，在台北新起町（今長沙街）建立起義指揮部籌措軍械，時間42天。其間，他為承救多災多難的中國、為台灣謀求回歸之路的奔走呼號，在台灣人民心中留下了不可磨滅的印象。民國建立後，孫中山於1913年8月5日「二次革命」失敗後到台灣，居住在台北市石橋子頭陳高蘭家，四次與她父親和伯父商議復國的事情。孫中山在辭去護法軍政府大元帥後，於1918年6月7日從廣東、汕頭經由台北東渡日本時，船在基隆靠岸，孫中山「想和台灣同胞見面，發表他的意見，宣傳他的主張，喚起民族意識，鼓勵愛國精神」。因統治台灣的日本當局害怕孫中

山的民主革命思想影響了台灣民眾，對孫中山採取嚴密防範以阻撓他與台胞接觸。孫中山還於1912年5月，對赴台灣組織光復起義的同盟會員羅福星說：「台灣是中國的領土，要決心收復。」1925年2月11日，重病中的孫中山仍惦記著台灣，要求「日本須放棄......與中國所締結的一切不平等條約」，將台灣歸還中國。孫中山堅信「中國當成為統一、獨立之興盛之國家，確係將來必然之事實」。

眾所周知，由於歷史和現實的原因，祖國大陸與台灣還未實現統一。為了解決台灣問題，中國共產黨幾代領導人都明確指示，台灣在抗日戰爭勝利後，根據國際法，已擺脫了日本軍國主義的統治，回到祖國的懷抱。當今的台灣問題是中國內戰遺留並延續的政治對立，這沒有改變大陸和台灣同是一個中國的事實。兩岸復歸統一，不是主權和領土再造，而是結束政治對立。主張透過談判的辦法和平解決，提出不排除在一定條件下使用武力。1956年在紀念孫中山先生誕辰90周年時，周恩來在致辭中提出：「一切愛國者，一切孫中山的忠實信徒，應當共同努力，實現台灣的和平解放。」中國共產黨第一代領導集體提出爭取實現第三次國共合作，並於1960年代提出「一綱四目」的基本國策，派員與蔣氏父子溝通。1978年中國共產黨的十一屆三中全會後，中國共產黨的第二代領導集體提出「一國兩制」的國策，希望台灣當局考慮舉行中國共產黨和中國國民黨對等談判，實行第三次合作，共同完成祖國統一大業。鄧小平提出了「和平統一、一國兩制」的構想，在一個中國的前提下，大陸的社會主義制度和台灣的資本主義制度，實行長期共存，共同發展，誰也不吃掉誰。在「一國兩制」方針下，台灣實行「高度自治」。統一後，台灣將成為特別行政區。它不同於其他一般省區，享有高度的自治權。它擁有在台灣的行政管理權、立法權、獨立的司法和終審權；黨、政、軍、經、財等事宜都自行管理；可以與外國簽定商務、文化等協議，享有一定的外事權；有自

己的軍隊，大陸不派軍隊也不派行政人員駐台。特別區政府和台灣各界的代表人士還可以出任國家政權機構的領導職務，參與全國事務的管理。1990年代中，中國共產黨的第三代領導集體就現階段發展兩岸關係、推進祖國和平統一過程的問題提出八項看法和主張，提倡在一個中國原則下，進行海峽兩岸和平統一談判。2005年3月4日，胡錦濤總書記就新形勢下發展兩岸關係提出四點意見即「四個決不」：第一，堅持一個中國原則決不動搖；第二，爭取和平統一的努力決不放棄；第三，貫徹寄希望於台灣人民的方針決不改變；第四，反對「台獨」分裂活動決不妥協。

在這期間，1979年1月1日，全國人大常委會發表《告台灣同胞書》，鄭重宣示了和平統一祖國的大政方針，標誌著我們解決台灣問題的理論和實踐進入了一個新的歷史時期，使兩岸關係發展揭開了新的歷史篇章。1992年中國海協會與台灣海基會在香港的多次會談中達成「各自以口頭方式表述海峽兩岸均堅持一個中國原則」共識，這就是常講的「九二共識」。雙方在此基礎上舉行了「辜汪會談」，並簽署了一系列開啟兩岸交流合作的協定。2005年4月29日胡錦濤總書記會見國民黨主席連戰時，肯定了「九二共識」是兩岸的「政治互信」。他說，「九二共識」既確認了雙方均堅持一個中國的共同立場，又擱置了雙方的政治分歧，是發揮政治智慧、照顧各方利益的成果。這一重要成果，值得我們倍加維護和珍惜。「只要兩岸在『九二共識』的基礎上恢復對話和談判，就一定能夠為兩岸關係和平穩定發展開創新的局面。」2008年國民黨主席吳伯雄（連戰已退任榮譽主席）率國民黨代表團訪問大陸，與胡錦濤總書記會談，又在「九二共識」的前提下，就發展兩黨兩岸關係問題達成重大共識。同年馬英九在就職演說中對兩黨兩岸關係釋出：一是強調在「九二共識」的基礎上儘早恢復協商，並秉持「正視現實、開創未來、擱置爭議、追求雙贏」的原則，尋求共同利益的平衡點；二是對胡錦濤總書記的三次有關兩岸關係的談話，

即3月26日與美國總統小布希談到的「九二共識」、4月12日在博鰲論壇提的「四個繼續」、4月29日主張兩岸要「建立互信、擱置爭議、求同存異、共創雙贏」，這些觀點都與我方的理念相當一致；三是雙方的問題「最終解決的關鍵不在主權爭議，而在生活方式與核心價值」，「深信以世界之大，中華民族智慧之高，台灣與大陸一定可以找到和平共榮之道」。

「辜汪會談」

　　在推進祖國統一大業的過程中，以武昌起義為標誌的辛亥革命，是海峽兩岸共同的歷史記憶與紀念。辛亥革命時期，兩岸由於共同的民族利益，民族情感曾有過強烈的心理共鳴，有過不分彼此的相互支持和休戚與共的鬥爭經歷，有過不為社會性質、政治格局差異所阻撓的彼此依託和互為掩護，共同支撐中國民主革命事業的傳統。今天，紀念辛亥革命也是兩岸團結、和平發展的紐帶和動力。我們紀念辛亥革命，就要努力推進祖國統一的大業。與此同

時，孫中山是海峽兩岸共同敬仰和擁有的世紀偉人，廣大港、澳、台同胞與海外僑胞對孫中山的偉大歷史貢獻充滿敬意，對孫中山實現祖國統一的不懈努力深表贊同。弘揚辛亥首義精神，緬懷和宣傳孫中山為首的革命先驅的豐功偉績，有助於調動和激發全國各族人民的愛國熱忱，有助於團結台灣同胞、港澳同胞、海外華人華僑，實現中華民族最廣泛的大團結，形成強大的凝聚力，進一步擴大海峽兩岸的聯繫和交流，促進祖國統一大業的早日實現。

正如一位從事專門研究孫中山的美國史學家所言：「孫中山是海峽兩岸人民都尊敬的唯一近代英雄人物。一旦兩岸重新和平統一，將證明他們對孫中山的共同懷念是有益的跨越障礙的心理溝通。」實現中華民族的凝聚和祖國的完全統一離不開孫中山這面旗幟。正是如此，台灣一些黨派的領導人訪問大陸，都表示要繼承孫中山先生的遺訓。如國民黨主席連戰訪問大陸，強調「中山先生是我們兩岸大家共同崇敬的民族前輩」，希望「我們大家一起追隨革命先行者的腳步，共同努力，奮發圖強，能夠在21世紀的時候真心做一個揚眉吐氣的中華民族」。親民黨主席宋楚瑜訪問大陸，強調：「中山先生心心念念所想的，就是希望中國人不要像一盤散沙，人為刀俎，我為魚肉。讓我們所有的華夏子弟，所有中國人，能夠心心念念瞭解到，富強尚未完成，兩岸的兄弟們，我們要加油，我們要更加努力。」新黨主席郁慕明訪問大陸，他說：「中華民族不能分裂。」強調「孫中山先生遺訓猶在耳邊，統一尚未成功，同胞仍需努力」。

2008年5月連戰及夫人在武昌辛亥革命紀念館向市民揮手致意

　　中山思想是兩岸和平發展的資產，孫中山先生的思想遺產與奮鬥目標是海峽兩岸中國人所同分享、共追求的。台灣當局應該在堅持「台灣優先」的同時，不忘對岸和海外億萬中國人對他們秉持中山先生遺訓「一齊同心協力建設這個新世界的新中國」的殷殷期盼，懷抱更多的使命感，邁開更確實穩健的步伐，促成兩岸共同的進步，「不斷擴大兩岸同胞的共同利益，不斷增強休戚與共的民族認同，不斷維護和增進中華民族的整體利益」。兩岸相互間需要以最大的善意、誠意和耐心來化異求同，在孫中山的旗幟下，讓兩岸「命運共同體」更緊密、更進步。

宋楚瑜在中山陵講話話說:「華夏一統尚未完成,兩岸兄弟要加油。」

新黨主席郁慕明在武昌辛亥革命博物館接受媒體採訪。

五、繼承弘揚辛亥首義精神,不斷開創中國特色社會主義事業新局面,實現中華民族偉大復興

　　胡錦濤總書記在紀念改革開放30周年大會上的講話中指出:「近一個世紀以來,我國先後發生了三次偉大的革命。第一次是孫中山領導的辛亥革命,推翻了統治中國幾千年的君主專制制度,為中國的進步打開了閘門。第二次革命是中國共產黨領導的新民主主義革命和社會主義革命,推翻了帝國主義、封建主義、官僚資本主義在中國的統治,建立新中國,確立了社會主義制度,為當代中國一切發展進步奠定了根本政治前提和制度基礎。第三次革命是中國共產黨領導的改革開放這場新的偉大革命,引領中國人民走上了中

國特色社會主義道路，迎來了中華民族偉大復興光明前景。」從胡錦濤總書記「三次革命論」的講話中可以看出：中華民族偉大復興開始於辛亥革命。正是在那風雨如晦的舊中國，以孫中山為首的辛亥革命仁人志士發出了「振興中華」的吶喊，救亡圖存，振興中華，成為辛亥首義精神的鮮明特質之一。

有著5000多年文明歷史的中華民族，在自己的發展歷程中創造過輝煌，為人類作出了偉大貢獻。「在中華民族的開化史上，有素稱發達的農業和手工業，有許多偉大的思想家、科學家、發明家、政治家、軍事家、文學家和藝術家，有豐富的文字典籍。在很早的時候，中國就有了指南針、造紙法、刻板印刷、活字印刷和火藥的發明。還在1800年前，已經發明了造紙法。在1300年前，已經發明了刻板印刷。在800年前，更發明了活字印刷。火藥的應用，也在歐洲人之前。」從西元元年直至1840年，中國在世界生產總值中所占的比重曾高達四分之一到三分之一，也就是25%到33%。1840年以後，由於帝國主義列強的侵略和封建統治的腐朽，中國逐步淪為半殖民地半封建社會，國家積貧積弱，社會戰亂不已，生靈塗炭，中國占世界生產總值的比重跌至大約只有3%到4%。中國的改革開放實現了「雙重目標」：既改善了中國人民的經濟命運，又提升了中國在全球的影響力。

孫中山曾經說過，「中華民族者，世界最古之民族，世界最大之民族，亦世界最文明而最大同化力之民族也」。他在《建國方略》等著作中，勾畫出建設現代化中國的初步藍圖，系統闡述了把中國建設成為先進國家的具體計畫，涵蓋政治、經濟、文化、心理素質等等方面。他認為，經過十年、數十年的努力，中國必將「造成數十個上海」，湧現達「數十萬人以上的大資本家」，在經濟上成為世界「第一大國」。他的「實業計畫」主要有：一是以發展交通為首要任務。提出「建造中央、東南、西北、西南、東北、高原六大鐵路幹線，包括近百條鐵路線，計長十萬英里；修建長達一百

萬英里的公路幹線；疏通現有運河二條，新開運河二條；治理國內的江河湖泊。」二是新建中國中部、北部、南部三大港口。三是透過發達的交通線，把沿海港口和內地重鎮、工業區和農業區、原料產地和工業城市、邊疆和內陸聯繫起來，使整個中國成為一個交通發達、經濟繁榮的強大國家。四是實現農業現代化，廣泛利用農業機械和先進農業生產技術。五是發展近代工業，含煤礦業、鋼鐵業、機器業和各種輕工業。為實現上述目標，孫中山提出，除了依靠本國的資源，國民的奮鬥而外，在堅持獨立自主、不失主權、不用抵押的原則下，實行對外「開放主義」。利用外國資本、人才和辦法，輸進外國機器和科學技術，發展中國的資本主義大工業，「凌駕」於歐美和日本。

　　孫中山所勾畫的建設現代化中國的藍圖，只有在中國共產黨的領導下，才能成為現實。中國共產黨人把馬克思列寧主義與中國革命具體實踐相結合，提出中國革命任務分兩步走：第一步是反帝反封建反官僚資本主義，進行民主主義革命，實現民族的獨立和人民解放；第二步是進行社會主義革命和社會主義建設，實現國家繁榮富強和人民共同富裕。這兩步是互相聯繫的，「民主主義革命是社會主義革命的必要準備」，「只有完成了前一個革命過程才有可能去完成後一個革命過程」。前一任務為後一任務掃清障礙，創造必要的前提。正是這樣，中國共產黨繼承孫中山未竟事業，領導中國人民完成了新民主主義革命任務，進而建立了社會主義制度，實現了中國歷史上最廣泛最深刻的社會變革，中華民族偉大復興從此開啟了新的歷史紀元。改革開放以來，中國共產黨引領中國人民走上了中國特色社會主義道路，中國大地發生了翻天覆地的變化，創造了中國歷史上從未有過的輝煌業績。國家面貌發生了歷史性變化。2010年我們勝利完成「十一五」規劃的主要目標和任務，國民經濟邁上新的台階。中國國內生產總值達到39.8萬億元，年均增長11.2%，財政收入從3.16萬億元增加到8.31萬億元。各項社會事業

加快發展、人民生活明顯改善。城鎮新增就業5771萬人，轉移農業勞動力4500萬人；城鎮居民人均可支配收入和農村居民人均純收入年均分別實際增長9.7%和8.9%；涵蓋城鄉的社會保障體系逐步健全。載人航太、探月工程、超級電腦等先進科技實現重大突破。國防和軍隊現代化建設取得重大成就。我們在國際事務中發揮重要的建設性作用，有力維護國家主權、安全和發展利益，全方位外交取得重大進展，中國的國際地位和影響力顯著提高。總之，中國的改革開放和經濟建設、政治建設、文化建設、社會建設以及生態文明建設均取得舉世矚目的成就。現在中國經濟上升至總量躍居世界第二，外匯儲備躍居世界第一位。我們已經實現了第一步實現溫飽和第二步實現初步小康戰略目標，正朝著第三步建設全面小康社會達到世界中等發達國家行列的戰略目標闊步邁進。

悠悠歲月，滄桑巨變。與100年前相比，中國從四分五裂到強大統一，從戰亂頻繁到國泰民安，從一貧如洗到繁榮富強，從受人凌辱到揚眉吐氣。百年滄桑巨變的歷史表明，只有中國共產黨才能領導中國人民取得民族獨立、人民解放；只有社會主義才能救中國；只有改革開放才能發展中國、發展社會主義、發展馬克思主義，改革開放是發展中國特色社會主義、實現中華民族偉大復興的必由之路。

振興中華，實現中華民族的偉大復興，是一代一代中華兒女矢志不渝的追求。這個宏願始終是燃燒在中國人民心中熊熊不息的火焰，召喚和激勵著一代一代的中華兒女前赴後繼，勇往直前。辛亥革命以來，中國人民的一切奮鬥，都是為了實現祖國的獨立和富強，人民的富裕和幸福，民族的解放和復興。現在，中國的社會主義現代化，中華民族的偉大復興，已是躍出東方地平線一輪絢麗的紅日，這輪紅日是注定要高高升起來的。我們要繼承弘揚辛亥首義精神，堅持改革開放，堅持中國特色社會主義道路，堅持中國特色社會主義理論體系，堅持中國共產黨的領導，不斷開創中國特色社會主義事業的新局面，為實現中華民族偉大復興而不懈努力奮鬥。

第八章　中國共產黨與辛亥首義精神

　　中華民族精神從發展階段來看，大致經歷了古代民族精神、近現代民族精神、當代民族精神幾個階段。自19世紀中葉以來，帝國主義列強對中國的侵略瓜分，促使中國各民族的覺醒，各民族的國家意識、民族意識進一步增強，中華民族精神強烈地表現出來，各民族愛國志士在民族精神的激勵下，為了救亡圖存，振興中華，進行不屈不撓的鬥爭。在這種歷史條件下，中國近代民族精神得到進一步昇華，辛亥首義精神就是其中的代表。辛亥革命後，中國共產黨誕生，中國革命進入嶄新的階段。從此災難深重的中國人民有了可以信賴的組織者和領導者，中國革命有了堅強的領導力量。中華民族精神和辛亥首義精神的傳承弘揚，由於有了中國共產黨的領導而出現了新的面貌。

一、中國共產黨是繼承弘揚和發展辛亥首義精神的核心與典範

　　中國共產黨之所以是繼承弘揚和發展辛亥首義精神的核心與典範絕不是偶然的和一時的，而是中華民族的選擇、中國的歷史形成的，是中國共產黨的性質決定的。具體說來主要有以下三個原因：

　　1.因為中國共產黨是中國工人階級的先鋒隊，同時是中國人民和中華民族的先鋒隊。

　　這「兩個先鋒隊」，是對中國共產黨的歷史經驗和現實經驗的

深刻總結，是對中國共產黨的先進性的科學論斷。中國共產黨的歷史，就是一部在領導中國各族人民實現中華民族的解放和中華民族偉大復興中始終擔當「兩個先鋒隊」的歷史。早在1935年12月，中共中央政治局會議通過的瓦窯堡會議決議就指出，中國共產黨不但是中國工人階級利益的代表者，而且也是中國最大多數人民利益的代表者，是全民族利益的代表者。決議還明確指出：「中國共產黨是中國無產階級的先鋒隊」，「同時中國共產黨又是全民族的先鋒隊。」1945年，劉少奇同志在中國共產黨的七大會上關於修改黨章的報告中也指出，人民群眾必須有自己的先鋒隊，而且必須有如中國共產黨這種性質的先鋒隊，人民群眾的徹底解放才是可能的。「群眾路線的實質是人民的利益高於一切，黨的一切組織和一切工作必須代表人民群眾的利益，黨如果脫離群眾，就不能成為人民的先鋒隊。」近90年來，中國共產黨正是按照「兩個先鋒隊」的要求，始終站在中國人民革命、中華民族解放和中華民族復興的最前列，用不懈的努力，領導人民群眾取得了革命、建設和改革開放的一個又一個勝利。既然中國共產黨既是中國工人階級的先鋒隊，同時也是中國人民和中華民族的先鋒隊；既然中國共產黨是中國各族人民既完成中華民族解放又完成中華民族偉大復興全部事業的領導核心，當然也就是中華民族精神（包括辛亥首義精神）繼承弘揚和發展的核心與典範。

2.因為中國共產黨是中國特色社會主義事業的領導核心，又「始終代表中國先進文化的前進方向」。

中國特色社會主義，是一代代中國共產黨人在長期探索中國社會主義發展道路過程中形成的重大理論成果和實踐成果，是中國共產黨人把馬克思主義基本原理與中國具體實際相結合所作出的歷史性選擇。從1840年代到20世紀初，中國人民就一直在為尋找救國圖強道路而不懈探索和奮鬥，結果都失敗了，實踐證明了西方資本主義道路在中國行不通。直到中國共產黨人找到了馬克思主義並與

中國實際相結合，才實現了民族獨立和人民解放、建立了新中國，開始了在社會主義道路上實現中華民族偉大復興的歷史征程。但由於對什麼是社會主義、怎樣建設社會主義缺乏深刻認識和實際經驗，導致一個時期內的曲折過程。中國共產黨的十一屆三中全會以來，中國共產黨在認真總結正反兩方面歷史經驗和科學分析中國基本國情的基礎上，提出了走自己的道路，建設中國特色社會主義。既把這作為我們新時期的理論主題，也作為實踐主題。新時期以來的中國共產黨的六次全國代表大會的報告都是圍繞和體現這一主題。經過改革開放30多年來的發展，中國取得了舉世矚目的發展成就。實踐證明，中國特色社會主義理論和道路是完全適合中國國情的唯一正確的理論和道路。

按照這一理論和道路來發展社會主義事業就是要按照中國特色社會主義事業五位一體的總體布局，全面推進經濟建設、政治建設、文化建設、社會建設和生態文明建設。這其中文化建設是中國特色社會主義事業總體布局中的五大建設之一，而繼承弘揚和發展包括辛亥首義精神在內的中華民族精神則是「文化建設的極為重要的任務」。所以我們要大力繼承弘揚和發展中華民族精神，尤其是近百年來的民族精神、辛亥首義精神。中華民族精神是一個民族生命力、創造力和凝聚力的集中體現，是民族文化的精華。「當今世界，文化與經濟和政治相互交融，在綜合國力競爭中的地位和作用越來越突出。文化的力量，深深熔鑄在民族的生命力、創造力和凝聚力之中。」

我們所推進的文化建設是發展和繁榮先進文化。所謂先進文化，就是反映先進生產力發展要求的、符合廣大人民群眾根本利益的、體現社會進步方向的文化。（判斷文化先進性標準，就是在於這種文化是否有利於生產力的解放和發展，是否有利於社會的進步，是否有利於人的全面發展。）中國共產黨作為「兩個先鋒隊」，始終代表中國先進文化的前進方向。在新民主主義革命時

期，中國共產黨所代表的先進文化就是新民主主義的文化，它屬於世界社會主義文化的一部分。在社會主義初級階段，中國共產黨所代表的先進文化就是有中國特色的社會主義文化，就是反映和體現中國社會主義現代化建設事業的文化。具體地說，就是以馬列主義、毛澤東思想、鄧小平理論、「三個代表」重要思想和科學發展觀為指導的文化，就是為中國特色社會主義建設提供精神動力和智力支援的文化，就是弘揚民族精神、具有民族凝聚力的、積極向上的文化，就是既繼承優秀文化傳統、又體現時代特徵的文化，就是既吸收世界優秀文化成果、又具有中國特色的文化，就是既展示人類文化精粹、又為人民大眾所喜聞樂見的文化。中國共產黨代表這種中國先進文化的前進方向，是中國共產黨的先進性的重要體現，也是中國共產黨在新的歷史條件下的文化自覺。

正是由於中國共產黨是包括文化建設在內的中國特色社會主義事業的領導核心，正是由於弘揚包括首義精神在內的中華民族精神是文化建設的極為重要的任務，而中國共產黨又始終代表中國先進文化的前進方向，所以中國共產黨就必然成為繼承弘揚和發展辛亥首義精神的核心與典範。

3.因為中國共產黨人是孫中山先生革命事業最忠實的繼承者，也是辛亥首義精神最堅定的繼承、弘揚和發展者。

孫中山先生逝世後，中國共產黨人繼承孫中山先生的遺志，團結帶領全國各族人民創造性地奪取了新民主主義革命的勝利，實現了民族獨立和人民解放，建立了人民真正當家做主的社會主義國家政權，展開了大規模的社會主義建設。特別是改革開放以來，中國共產黨團結帶領全國各族人民在中國特色社會主義道路上開拓前進，取得了舉世公認的偉大成就，中國的面貌發生了舉世矚目的深刻變化。

中國共產黨人不但是孫中山先生革命事業的最忠實的繼承者，

還是孫中山先生革命思想指引下形成的辛亥首義精神的最堅定的繼承、弘揚和發展者。長期以來，中國共產黨人不斷從辛亥首義精神中吸取力量，又不斷賦予辛亥首義精神新的時代內涵，不是簡單重複傳承辛亥首義精神，而是在新的歷史條件下發揚光大辛亥首義精神。

在新民主主義革命時期，由於中國共產黨的指導思想的科學性和中國共產黨的領導的正確性，全國各族人民為推翻「三座大山」、創建新中國進行了不屈不撓、艱苦卓絕的鬥爭，使得中華民族精神（包括辛亥首義精神）在革命中迸發，在實踐中昇華和發展，鑄造了一座座中華民族精神新的歷史豐碑，諸如井岡山精神、長征精神、延安精神、抗日精神、紅岩精神、西柏坡精神等等。

在社會主義革命和社會主義建設時期，中國共產黨領導全國各族人民，披荊斬棘，建立和鞏固新生的人民政權，完成民主革命的遺留任務，恢復和發展國民經濟，開創外交工作新局面，完成社會主義改造，全面確立社會主義基本制度，加強執政黨自身建設，對適合中國情況的社會主義建設道路進行了艱辛探索。在完成上述各項任務過程中，不僅使得中華民族精神得到進一步昇華、提煉，還給中華民族精神注入了強大活力，增添了嶄新內容，例如大慶精神、大寨精神、抗美援朝精神、紅旗渠精神、兩彈一星精神、鐵人精神、雷鋒精神等等。

在建設有中國特色社會主義的新時期，中國共產黨率領全國各族人民進行新的偉大長征，他們以非凡的勇氣和智慧，奮發向上的精神，在改革開放、建設中國特色社會主義的征程上闊步前進。他們依靠這種勇氣、智慧和精神，奪取社會主義現代化建設的全面勝利；他們依靠這種勇氣、智慧和精神，成功地解決了中國內外的各種難題和應對各種挑戰；他們依靠這種勇氣、智慧和精神，取得了抗震救災鬥爭的偉大勝利；他們依靠這種勇氣、智慧和精神，成功

地舉辦了北京奧運會；他們依靠這種勇氣、智慧和精神，取得了載人航太的偉大勝利；他們依靠這種勇氣、智慧和精神，率先應對了國際金融危機的衝擊；他們依靠這種勇氣、智慧和精神，使中華民族屹立於世界民族之林，提高了中國的國際地位；……他們在完成這些新的開創性的任務、進行這些變革性的實踐中，將中華民族精神提升到新境界、孕育出許多新的精神，例如改革創新精神、深圳精神、浦東精神、抗洪搶險精神、「抗非典」精神、抗震救災精神、抗雪災精神、載人航太精神、北京奧運精神、世博精神、利比亞大撤離精神等等。

90年的大量歷史事實表明，在中國革命、建設和改革開放的每一個重要的歷史關頭，中華民族精神不僅得到大力繼承弘揚，而且不斷豐富發展。這是中國共產黨人與時俱進的時代創造，是中國共產黨領導全國各族人民進行偉大社會變革實踐，實現國家富強、中華振興、百姓幸福的宏偉事業過程中改變了中國人的精神生活和面貌，引發並實現了中華民族精神的昇華和創新，並將中華民族精神的發展推進到嶄新的階段。

二、中國共產黨賦予辛亥首義精神新的時代特色

中華民族精神是在長期的歷史發展過程中培育形成起來的，它隨著時代的發展而不斷發展，隨著實踐的豐富而不斷豐富，是與時俱進的精神，具有與時俱進的品質。辛亥首義精神是中華民族精神的重要組成部分，同樣是與時俱進的精神，同樣具有與時俱進的品質。馬克思恩格斯指出：「一切劃時代的體系的真正的內容都是由於產生這些體系的那個時期的需要而形成起來的。」辛亥首義精神具有與時俱進的品質，是由時代發展決定的。而時代的變化，既對

辛亥首義精神的發展提出了新的要求，又為辛亥首義精神的發展提供了新的動力。時代化是辛亥首義精神永保生機和活力的泉源所在。

在新的歷史時期，弘揚發展辛亥首義精神，就要在中國共產黨的領導下，將辛亥首義精神與新的歷史任務和時代精神結合起來，使之隨著時代的發展而發展，賦予辛亥首義精神新的時代特色。

1.堅持中國化的馬克思主義指導，賦予辛亥首義精神先進性的特色。

判斷民族精神是否先進，主要看它能不能與時俱進、適應時代和社會的發展要求。中華民族精神在漫長的發展過程中，之所以能夠歷經磨難而不衰，就是因為它在長期的實踐中，根據時代和社會的發展要求，不斷豐富和發展，不斷保持民族精神的先進性。辛亥首義精神也是一樣，要使它長傳而不衰，也要與時俱進，根據時代和社會的發展要求，不斷豐富和發展。在新的歷史時期，關鍵是要使它在中國共產黨的領導下，堅持中國化的馬克思主義指導，賦予其新的先進性特色。

中國化的馬克思主義包括毛澤東思想、鄧小平理論、「三個代表」重要思想以及科學發展觀等重大戰略思想，是社會主義意識形態的本質體現，是中國共產黨的行動指南，是社會主義核心價值體系的靈魂，是全黨全國各族人民團結奮鬥的共同思想基礎。中國共產黨的十七大報告指出：「馬克思主義只有與本國國情相結合、與時代發展同進步、與人民群眾共命運，才能煥發出強大的生命力、創造力、感召力。在當代中國，堅持中國特色社會主義理論體系，就是真正堅持馬克思主義。」由於中國特色社會主義理論體系「與本國國情相結合、與時代發展同進步、與人民群眾共命運」，又由於它揭示了社會發展的客觀規律，預示了人類社會發展的基本方向，開闢了不斷認識真理的道路，是為我們提供科學的世界觀和方

法論的理論，是植根於社會實踐、具有與時俱進的理論品質的理論，因而它本身具有科學性，也具有先進性。所以用這樣的理論——中國特色社會主義理論體系（中國化的馬克思主義）來指導辛亥首義精神的繼承、弘揚和發展，就必然賦予辛亥首義精神以先進性的特色。

同時，中國特色社會主義理論體系中的「三個代表」重要思想的一個重要內涵是「中國共產黨始終代表中國先進文化的前進方向」，而中國共產黨的十六大又決定把弘揚和培育包括辛亥首義精神在內的民族精神「作為文化建設極為重要的任務，納入國民教育全過程，納入精神文明建設全過程，使全體人民始終保持昂揚向上的精神狀態」。這就不僅從指導思想上決定了必然賦予辛亥首義精神以先進性的特色，而且堅持了「先進文化的前進方向」，從文化建設任務上保證了賦予辛亥首義精神以先進性的特色。

2.堅持中國特色社會主義的目標和道路，賦予辛亥首義精神優越性的特色。

以愛國主義為核心的中華民族精神在不同時代有不同的目標和主題。在當代中國，民族精神的目標和主題就是實現國家繁榮富強和人民共同富裕，堅持中國特色社會主義目標和道路，建設和發展中國特色社會主義。就是要堅持把以經濟建設為中心與堅持四項基本原則、改革開放這兩個基本點統一於發展中國特色社會主義的偉大實踐，任何時候都不能動搖。「中國特色社會主義道路之所以完全正確、之所以能夠引領中國發展進步，關鍵在於我們既堅持了科學社會主義的基本原則，又根據中國實際和時代特徵賦予其鮮明的中國特色。」建設和發展中國特色社會主義反映了全中國各族人民的根本利益和共同願望，揭示了民族振興、國家富強、人民幸福、社會和諧的必由之路，是中國共產黨領導全國各族人民在長期不懈的奮鬥中探索到的一條適合中國國情的唯一正確的道路，是全國各

族人民的光明之路、科學之路、幸福之路。堅持中國特色社會主義的目標和道路，對賦予辛亥首義精神以優越性特色能提供以下四個重要保證：

第一，對弘揚發展辛亥首義精神、賦予其優越性的特色提供社會制度的保證。從長期的歷史來看，中華民族精神的繼承、弘揚和發展都與社會制度密切相關。中國特色社會主義社會具有其他社會制度所無法比擬的優越性，她對於中華民族精神的弘揚具有巨大的感召、培育、昇華的作用。中國特色社會主義社會，由於有統一的指導思想、統一的奮鬥目標、統一的領導，具有集中力量辦大事、辦難事、高品質和快速完成任務的優勢，她能以集中統一的組織機制和指揮系統，使得全國萬眾一心、上下一盤棋地應對天災人禍、迎接各種挑戰、完成浩大工程，甚至能在挫折中拚搏、在逆境中奮起、自強不息、奪取勝利。

第二，對弘揚發展辛亥首義精神、賦予其優越性的特色提供堅強的組織保證。也就是說堅持中國共產黨的各級組織對弘揚辛亥首義精神的正確領導，為賦予辛亥首義精神以優越性的特色提供堅強組織保證。中國共產黨成立九十年、執政六十餘年、領導改革開放三十餘年，幾代中國共產黨人始終以國強民富、實現中華民族偉大復興為己任，堅持把馬克思主義基本原理與中國具體實際相結合，團結帶領全國各族人民不懈奮鬥，戰勝各種艱難險阻，不斷取得革命、建設、改革的偉大勝利。一部中國共產黨的歷史，就是中華民族獲得獨立和解放、中國人民爭取自由和民主的歷史；就是中國從積貧積弱到繁榮富強、屹立於世界東方的歷史；就是馬克思主義基本原理與中國實際相結合、放射燦爛光芒的歷史。這九十年，中國共產黨領導全國各族人民創造了無數人間奇蹟，氣壯山河、彪炳史冊。「實踐證明，沒有中國共產黨就沒有新中國，就沒有中國特色社會主義。辦好中國的事情，關鍵在黨。」所以只要全國370多萬個共產黨的組織、7799.5萬全體共產黨員，在中國共產黨中央的

領導下，團結帶領全國各族人民大力弘揚發展辛亥首義精神，就一定會賦予辛亥首義精神以優越性的特色。

第三，對弘揚發展辛亥首義精神、賦予其優越性的特色提供物質保證。「只有社會主義才能救中國、只有改革開放才能發展中國」，改革開放是發展中國特色社會主義、實現中華民族偉大復興的必由之路。30多年來，我們在新中國成立以後取得成就的基礎上各項事業取得了舉世矚目的新的偉大成就，中國綜合國力邁上新台階。從1978年到2007年，中國國內生產總值由3645億元增長到24.95萬億元，年均實際增長9.8%，是同期世界經濟年均增長率的3倍多，中國經濟總量上升為世界第四。中國進出口總額從206億美元提高到21737億美元、躍居世界第三，外匯儲備躍居世界第一，對外投資大幅增長，實際使用外資額累計近10000億美元。我們依靠自己力量穩定解決了13億人口吃飯問題。中國主要農產品和工業品產量已居世界第一，具有世界先進水準的重大科技創新成果不斷湧現，高新技術產業蓬勃發展，水利、能源、交通、通訊等基礎設施建設取得突破性進展，生態文明建設不斷推進，城鄉面貌煥然一新。中國綜合國力的提高，就使得人民群眾的物質生活得到很大改善，就使得我們擁有了更好迎接各種挑戰和應對天災人禍的能力和實力，就使自強不息的民族精神有了必要的物質基礎，這也就為我們弘揚發展辛亥首義精神、賦予其優越性特色提供了堅實的物質保證。

第四，對弘揚發展辛亥首義精神、賦予其優越性的特色提供文化引導的保證。弘揚辛亥首義精神屬於中國特色社會主義文化建設的重要任務。一個具有中國特色社會主義的社會必然是物質財富和精神文化共同進步的社會，一個繁榮富強的現代化的中國必定是經濟、政治、文化、社會、生態文明協同發展的國家。中國共產黨的十七屆五中全會指出，要推動文化大發展大繁榮、提升國家文化軟實力，推進文化創新，深化文化體制改革，滿足人民群眾不斷增長

的精神文化需求，推動文化產業成為國民經濟支柱性產業。這是中國共產黨中央對「十二五」期間中國特色社會主義文化發展的總體思路和戰略部署。

文化是一個民族的精神和靈魂，是國家發展和民族振興的強大力量。「文化建設是現代化建設事業的重要組成部分。國家發展、民族振興，不僅需要強大的經濟力量，更需要強大的文化力量。」文化又體現著國家和民族的品格，既是凝聚人心的精神紐帶，又是關係民生的幸福指標。人民群眾享受到多少優秀的文化產品，精神文化需求的滿足度如何，是檢驗文化發展成就的重要指標。「國民之魂，文以化之；國家之神，文以鑄之。」「十二五」期間，我們要加快促進文化事業產業快速增長，進一步深化文化體制改革，使文化生產力進一步解放和發展，使我們的文化軟實力和國家競爭力進一步增強，使我們的文化百花園更加繽紛多彩。在以社會主義價值體系為核心的文化引領下，經濟社會發展更加健康和諧，人們的精神境界、文明素質不斷提高。在我們社會裡，人們都追求中國特色社會主義共同理想，弘揚中華民族精神和時代精神，宣導社會主義榮辱觀，是非、善惡、美醜的界限十分分明，堅持什麼、反對什麼、宣導什麼、抵制什麼，都旗幟鮮明。這樣就必然對弘揚辛亥首義精神、賦予首義精神以優越性的特色，提供文化引導的保證。

3.堅持辛亥首義精神與時代精神相結合，賦予辛亥首義精神創新性的特色。

中國特色社會主義是馬克思主義與中國新時期的實際相結合的成果，本身就是一種探索和創新，而且是實踐和理論的雙重探索和創新。實踐的探索和創新就是探索和創新出了「一條道路」——中國特色社會主義道路；理論的探索和創新就是探索和創新出了「一個理論體系」——中國特色社會主義理論體系。所以建設中國特色社會主義是一個不斷探索和創新的長期歷史過程。就我們已

經經歷的這一大段歷史來看，從以毛澤東為核心的中國共產黨中央領導集體就開始了探索創新的過程，到了以鄧小平為核心的中國共產黨中央第二代領導集體和以江澤民為核心的中國共產黨中央第三代領導集體，都分別開創出新的理論和新的發展路線並都取得了巨大成功。再到以胡錦濤為總書記的中國共產黨中央領導集體又有了進一步的豐富創新並取得了新的巨大成功。事實上，「一條道路」和「一個理論體系」的探索和創新成了「以改革創新為核心的時代精神」的範例。所以在堅持「一條道路」和「一個理論體系」不斷發展的過程中，來弘揚發展辛亥首義精神，就必然要求首義精神與時代精神相結合，使首義精神具有創新性的時代特色。也就是說，在中國特色社會主義理論體系的指引下，在堅持中國特色社會主義道路上弘揚發展首義精神，必然使首義精神得到培育和昇華、賦予辛亥首義精神以創新性的特色。

2006年，中國共產黨中央、國務院在科學分析中國基本國情和全面判斷中國戰略需求的基礎之上，在充分發揮中國社會主義制度的政治優勢和充分發揮中國已經擁有的經濟科技實力的基礎之上，作出了建設創新型國家的戰略決策。這是「事關社會主義現代化建設全域的重大戰略決策。建設創新型國家，核心就是把增強自主創新能力作為發展科學技術的戰略基點，走中國特色自主創新道路，推動科學技術的跨越式發展；就是把增強自主創新能力作為調整產業結構、轉變增長方式的中心環節，建設資源節約型、環境友好型社會，推動國民經濟又好又快發展；就是把增強自主創新能力作為國家戰略，貫穿到現代化建設各個方面，激發全民族創新精神，培養高水準創新人才，形成有利於自主創新的體制機制，大力推進理論創新、制度創新、科技創新，不斷鞏固和發展中國特色社會主義偉大事業」。正是由於「建設創新型國家戰略決策」的貫徹執行，要求「把增強自主創新能力作為國家戰略，貫穿到現代化建設各個方面」，所以「增強自主創新能力」必然貫穿到文化建設中

來，貫穿到弘揚發展辛亥首義精神中來，「激發全民族創新精神」，賦予辛亥首義精神以創新性的特色。

由於建設創新型國家，是全中國共產黨全社會的共同事業，是一項極其廣泛而深刻的社會變革，是要貫穿到經濟、政治、文化、社會和生態文明五大建設方面的偉大系統工程。特別是文化建設，因為弘揚民族精神是文化建設的極為重要的任務，所以建設先進文化與弘揚辛亥首義精神之間有著密切的聯繫，二者互為依存、相輔相成，共同促進。中央在統籌安排完成建設創新型國家戰略任務時，特別強調要「發展創新文化，努力培育全社會的創新精神」，「大力弘揚以愛國主義為核心的民族精神和以改革創新為核心的時代精神，增強民族自信心和自豪感，增強不懈奮鬥、勇於攀登世界科技高峰的信心和勇氣。要在全社會培育創新意識，宣導創新精神，完善創新機制，大力提倡敢為人先、敢冒風險的精神，大力宣導敢於創新、勇於競爭和寬容失敗的精神，努力營造鼓勵科技人員創新、支持科技人員實現創新的有利條件」。這樣，就必然弘揚發展首義精神，豐富首義精神的時代內涵，賦予辛亥首義精神以創新性的特色。

4.堅持高舉愛國主義的旗幟，賦予辛亥首義精神廣泛性的特色。

為什麼在新世紀、新時代除了必須堅持高舉中國特色社會主義旗幟外，還要堅持高舉愛國主義的旗幟？

其一，因為愛國主義是辛亥首義精神的核心。我們之所以作出這樣的論斷，有三個依據：一是愛國主義是辛亥首義勝利的旗幟。「在我國歷史上，愛國主義從來就是動員和鼓舞人民團結奮鬥的一面旗幟，是各族人民共同的精神支柱，在維護祖國統一和民族團結、抵禦外來侵略和推動社會進步中，發揮了重大作用。」湖北的革命黨人，深知高舉愛國主義旗幟對革命勝利的重要性，深知孫中

山的三民主義是當時救中國的革命思想,於是他們從首義的準備開始直到每一戰鬥,無一不是以愛國主義思想來動員,「舉孫中山的三民主義相號召」。使得愛國主義以及充滿愛國主義思想的三民主義,成為參加起義士兵群眾的強大精神支柱,進而對武昌首義的勝利起了主導作用。二是愛國主義是湖北革命黨人的強大精神動力。中華民族的愛國主義源遠流長,它不僅深深植根於廣大勞動人民之中,在民間傳頌著「天下興亡、匹夫有責」的愛國豪言壯語和「臥薪嚐膽」、「聞雞起舞」、「精忠報國」的愛國故事,還深深植根於悠悠五千年的歷史沃土,與歷代先哲遺留下來的豐厚歷史遺產更有著千絲萬縷的聯繫。湖北的革命黨人和起義士兵,多數是來自破產的農民、手工業者和城市貧民,不少人是「秀才當兵」走投無路的小知識份子。這些人不僅自幼就在民間接受了愛國主義傳說和故事的薰陶,還從學校和歷史遺產中受到愛國主義的啟迪和教育,並且他們都是帝國主義侵略和封建主義壓迫的受害者。這種出身和地位決定了他們的思想狀況,自然把愛國主義作為他們參加革命、效忠革命事業的強大精神動力。三是愛國主義是貫穿七大辛亥首義精神內涵的一根紅線,是七大精神產生的思想基礎。在本書第一章講的七大精神中,無論哪種精神都與愛國主義密不可分。愛國主義不僅像一根紅線,貫穿於七大精神之中,使每一種精神都充滿著愛國主義思想和豪情,而且還是辛亥首義精神產生的思想基礎。如果沒有愛國主義思想對湖北革命黨人和參加起義士兵的長期薰陶和哺育,就不會有辛亥武昌首義的勝利。辛亥首義精神是愛國主義和孫中山革命思想與武昌首義革命實踐相結合的產物。

其二,因為孫中山是偉大的愛國主義者,是辛亥首義精神的傑出代表。孫中山不僅是一位偉大的革命家、思想家,還是一位偉大的愛國主義者。他生活在19世紀後半葉至20世紀初葉,那時我們歷史悠久的祖國遭受著帝國主義列強的野蠻蹂躪和侵略,中國人民遭受著封建制度的腐朽統治和壓迫,中國的民族獨立受到嚴重侵

害、主權不斷喪失，中國成為半殖民地半封建社會，中國人民處於水深火熱之中。孫中山目睹中國和中國人民的悲慘境地，產生了強烈的愛國激情和極大的民族義憤，萌發了救國救民的崇高理想，形成了改變中國和中國人民命運的堅定信念。從1894年創立興中會起，為了「亟拯斯民於水火，切扶大廈之將傾」，全身心地投入反對帝國主義和封建統治的革命事業，奔走於海內外，聯合各方力量，建立革命團體，從事宣傳鼓動，發動武裝起義。為振興中華，建立「強盛獨立之中國」，「畢生精力盡瘁於斯，精誠無間，百折無回，滿清之威力所不能屈，窮途之困苦所不能撓，吾志所向，一往無前，愈挫愈奮，再接再厲」。孫中山一生「愛國若命」，他「生平以愛國為前提」，「以個人數十年必死之生命，立國家億萬年不死之基」。正如胡錦濤總書記說：「中山先生是偉大的愛國主義者和民族英雄，是中國民主革命的偉大先行者。他為民族獨立、民主自由、民生幸福，為國家的統一和富強貢獻了畢生精力。」孫中山是辛亥首義精神的傑出代表，這從第七章有關論述和本書的內容中可以清楚地得到印證。因而我們弘揚辛亥首義精神，就要堅持高舉愛國主義旗幟。

其三，因為高舉愛國主義旗幟，有利於推進「一國兩制」實踐，和平統一祖國，實現中華民族偉大復興。我們已經用「一國兩制」解決了香港、澳門的回歸問題。香港、澳門回歸祖國以來，「一國兩制」實踐日益豐富。實踐證明，「『一國兩制』是完全正確的，具有強大生命力。按照『一國兩制』實現祖國和平統一，符合中華民族根本利益」。所以我們將堅持「和平統一、一國兩制」的基本方針，牢牢把握兩岸關係和平發展主題，不斷鞏固和加強兩岸關係發展的政治、經濟、文化和民意基礎。繼續按照先經後政、先易後難、循序漸進和穩中求進的基本思路，逐步解決台灣問題，實現祖國完全統一。

由於以上三個方面的原因，所以我們在新世紀、新時代必須堅

持高舉愛國主義旗幟。這樣，我們就可以團結一切可以團結的力量、調動一切積極因素，把不同黨派、不同民族、不同階層、不同群體、不同信仰以及生活在不同社會制度下的全體中華兒女團結起來，獻智慧，出力量，形成具有空前廣泛性和巨大包容性的合力，求同存異，求同化異，攜手開拓，共同奮鬥，以完成祖國和平統一、實現中華民族偉大復興。在這個過程中來弘揚發展辛亥首義精神，就必然賦予辛亥首義精神以廣泛性的特色。

後記

　　2011年是辛亥革命100周年，作為首義之地的湖北省武漢市將舉辦一系列隆重的紀念活動。近年來，在湖北省委、省政府，武漢市委、市政府的領導下，各界人士紛紛進行各種準備工作。武漢海峽兩岸關係研究會也將「弘揚辛亥首義精神，實現中華民族偉大復興」列為近幾年重點研究專題，陸續形成了不少成果。以武漢市政協原副主席、武漢海峽兩岸關係研究會名譽會長王功安同志為首的專家學者對「辛亥首義精神」進行了系統研究，最終完成了這本名為《辛亥首義精神通論》的專著，作為辛亥革命100周年的獻禮。

　　這本書萌芽於2006年底，成書於2011年初，歷時五載，凝聚了有關領導和同志們的汗水和心血。2006年底，武漢海峽兩岸關係研究會成立，同時籌備召開第一屆學術年會。當時正值孫中山先生誕辰140周年和辛亥革命95周年之際，王功安同志撰寫了一篇《論辛亥首義精神》的文章，一方面作為年會論文，另一方面也希望引起有關方面對辛亥革命100周年的重視。2008年8月，《學習》月刊第十五期刊登了王功安同志《辛亥首義精神及其核心》的文章。為了迎接辛亥革命100周年，王功安同志與湖北省委統戰部原副部長陳奇文同志一起，透過武漢海峽兩岸關係研究會向武漢市社科聯申報《辛亥首義精神》的課題。按照王功安同志的構思，陳奇文同志執筆撰寫了一部初稿，王功安同志參與了部分章節的寫作。2009年，該課題獲批為武漢市社科聯年度重點課題。王功安同志在仔細閱讀書稿後，感到整部作品系統性有待加強，內容、結構、文字還有待豐富完善。為了保證課題研究品質，武漢海峽兩岸關係研究會召開了幾次專家座談會，邀請武漢市的有關專家學者就這部著作提出修改意見。經皮明庥同志推薦，由武漢市社科院研究

員邵和平同志執筆重寫該書。2011年1月，該書正式成稿，定名為《辛亥首義精神通論》。在九州出版社的大力支持下，該書得以順利出版。

《辛亥首義精神通論》從醞釀、籌畫到寫作完稿得到了國台辦和九州出版社的重視與支持。武漢海峽兩岸關係研究會名譽會長王功安、武漢市社科聯副主席皮明庥、九州出版社總編王傑、武漢市台辦副主任佀治洪、武漢市社會主義學院副院長宋靖等領導對本書的寫作和出版傾注了大量心血。皮明庥、馮天瑜、嚴昌洪、塗文學、劉秀庭等專家學者為書稿提出了寶貴的修改意見。華中師範大學嚴昌洪教授為本書作序。武漢市台辦宣傳處處長任健、武漢市社會主義學院教研室副主任李文獻等也付出了辛勤勞動，在此一併表示感謝！

本書策劃主要由王功安、陳奇文負責；提綱擬定、書稿撰寫、統稿和定稿主要由邵和平完成，王功安、陳奇文參與了部分章節的整理和修改；書稿清樣出來後，邵和平進行了通校和修改。王功安、嚴昌洪對該書進行了審定。

武漢市台辦宣傳處肖丹負責本書文字的編輯整理工作，潘力負責本書圖片的整理和採集工作，武漢市黨史辦宣傳教育處處長彭捷為該書提供了自己收藏多年的圖片，在此特致誠摯謝意。

因時間倉促，加之撰者學識和水準所限，本書難免有不足和疏漏之處，敬請各界人士批評指正。

國家圖書館出版品預行編目(CIP)資料

辛亥首義精神通論 / 王功安 編著. -- 第一版.
-- 臺北市：崧燁文化, 2018.12
　面 ；　公分
ISBN 978-957-681-670-3(平裝)
1.武昌起義
628.13　　　107021725

書　名：辛亥首義精神通論
作　者：王功安 編著
發行人：黃振庭
出版者：崧燁文化事業有限公司
發行者：崧燁文化事業有限公司
E-mail：sonbookservice@gmail.com
粉絲頁　　　　　　網　址：
地　址：台北市中正區重慶南路一段六十一號八樓 815 室
8F.-815, No.61, Sec. 1, Chongqing S. Rd., Zhongzheng Dist., Taipei City 100, Taiwan (R.O.C.)
電　話：(02)2370-3310　傳　真：(02) 2370-3210
總經銷：紅螞蟻圖書有限公司
地　址：台北市內湖區舊宗路二段 121 巷 19 號
電　話：02-2795-3656　傳真：02-2795-4100　網址：
印　刷：京峯彩色印刷有限公司（京峰數位）

　　本書版權為九州出版社所有授權崧博出版事業股份有限公司獨家發行電子書繁體字版。若有其他相關權利及授權需求請與本公司聯繫。

定價：400 元
發行日期：2018年 12 月第一版
◎ 本書以POD印製發行